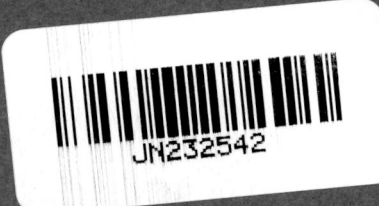

フランスのロマネスク教会

Romanesque Architecture in France

ヨーロッパ建築ガイド 2

フランスのロマネスク教会

Romanesque Architecture in France

櫻井義夫［文］
堀内広治［写真］

フランスのロマネスク教会

Romanesque Architecture in France

section 1

ロマネスク教会を見に行こう

ロマネスク教会を見に行こう

パリからフランスへ

文化・芸術・建築に興味を持ってフランスを訪れるあなたは，いったいフランスで何を見るだろうか。パリから入国すれば当然パリを中心にさまざまな行事や展覧会を見ることになるだろう。しかしパリはフランスでは最も特殊な異文化の集合した街であり，刺激的な現代的ハイブリッド異文化体験はできても，一般的なフランスを体験することはできない。フランスらしいフランスを体験するためには，パリを出て田舎へ行こう。そして，そこに必ずあるものは美しい自然とロマネスク起源の教会である。

ロマネスク教会を巡る時代背景

フランスの歴史的建築文化において最も魅力的な対象は，中世に数多く建設されたロマネスク教会である。一般的には10世紀終わりから13世紀はじめまでの間，約200年間に建設された教会建築を総称してロマネスク教会と呼んでいる。この時代は，ローマ帝国の支配による古代から中世へと脱皮するかのように多くの民族間の領土争いにはじまる騒乱を経て，最後に9世紀ノルマン人の大移動による略奪を受けた後，フランスが歴史時代において最も安定した状況をもつことのできた時期であり，政治的にはローマまでもその領内に収めたカロリング朝によって動乱期をくぐりぬけた後のフランク王国の時代にあたる。政情の安定は農耕・牧畜を盛んにし，そこから生まれる富の集積はさらに政治的・経済的安定を生み出した。

こうした時代の流れはキリスト教世界をも大きく変えるきっかけを与えた。本来，信仰の証である巡礼とはエルサレムへの巡礼を意味するはずであったが，巡礼の地は異教徒の手に落ちていて交通はままならなかった。キリスト者として生きる集団は新しい経済的・政治的状況に自らの規律を変更していくこととなる。そこに生まれたのがベネディクト派であり，シトー派である。

ベネディクト派とはイタリアのモンテ・カッシーノで布教・修行をした僧聖ベネディクトゥス（フランス語でブノワ，イタリア語でベネデット）の修行に範を求めて，修道院を中心とする活動に厳しい戒律を求めた一派であり，僧ベルナールにはじまり飛躍的に広まった。なかでもクリュニーは多くの人材を輩出し，集積した富を背景に多くの支院を傘下にもつ中心的な存在となった。
シトー派はシャンパーニュのベネディクト派修道院で修行をしていたロベールが，さらに厳しい戒律によって清貧と隠遁を追求するために，1075年，シトー・モレスムの森に構えた修道院をきっかけとして急速に普及した集団である。ロマネスク教会の変遷は，主にこの2派の隆盛と退廃・衰退の歴史である。

平和な中世は交流の時代であった。経済活動は宗教活動とともに発展した。巡礼地の新しい目標地としてスペインのサンチャゴ・デ・コンポステーラが選ばれ，4つのルートが成立して行く。巡礼路にある街はその経済的な恩恵を受けて発展した。この間エルサレムの失地回復を大義名分とした十字軍が派遣されたことは，経済活動と宗教活動のつながりがそのまま拡大された姿でもあった。ロマネスク教会へのビザンチン美術の影響は，こうした活動からも直接的な刺激として与えられたことはまちがいない。

13世紀以降のロマネスク教会は，ほとんどの場合同じ経緯をたどっている。13世紀の繁栄のなかで精神的な退廃が進み，14世紀のペストの流行で大きな損害を受け，百年戦争，宗教戦争を経てたびたび略奪を受け，フランス革命によって革命政府から所有権を剥奪され売却されることによって完全にその存在を否定された。19世紀は文化財としての復興の歴史であり，多く修復を受けているが，ある種のロマンティシズムによる科学的というより恣意的な改造を受け，今日に至っている。

建築の特徴

ロマネスク教会は，帝政ローマの建築文化に基礎をもつことによって，そのほとんどの原点はバジリカ形式の教会にあるが，各々の地域性に依存する多様性こそ，その特徴となっている。

10世紀末から11世紀前半の建築は数少ないが，この時期を総称して初期ロマネスク教会とここでは呼ぶ。この頃の建築はほとんどの場合レンガによる壁か，小さな石をつかった壁によるシンプルな構造の上に，石の天井ではなく木の梁を載せる場合が多い。まさにローマの公共建築をほうふつとさせる建築様式である。11世紀も終わりに近づくと各地に安定した表現の傾向が現れる。半円アーチを基本にシンプルな幾何学的空間構成を基本として，さまざまな要素がその中に盛り込まれる。イスラム的な要素，ケルト的な要素，ビザンチン的な要素，西ゴート風の要素など，それらの統合された姿としてさまざまなロマネスク建築が成立している。明快にその地域性を見せているのは，ブルゴーニュ，ポワトー，オーヴェルニュ，ペリゴール，ラングドック，ノルマンディー，プロヴァンス，イル・ド・フランスなどであり，それぞれ独特の傾向をもつにいたる。12世紀の前半から中ごろまでは盛期ロマネスクの傑作が多く登場し，それまでの半円アーチから尖頭アーチへと移行してゆく。シトー派の建築はその出自からすべてこの時期の作品である。

多様性が特徴であるなかにも見いだせる共通点は，壁や柱などの構造要素自体に装飾的扱いがあまりないこと(シトー派ではそれを明快に制限していること)，地域独自の材料を使った単純な意匠構成のなかに光の効果が空間を作っていること，装飾要素である彫刻や壁画は巡礼を意識した布教手段としての特定の形式をもっていること，などであり，こうした傾向を一般的には，誠実で自然な建築と表現している。特定の装飾的意匠的な仕掛けを無理に実現することなく，構造的要素が作り出すヴォリュームと自然条件である光だけで空間を構成しているからである。

本書で紹介している教会で，それぞれの見所を特にヴォリュームと光の関係に言及している場合が多いのは，こうした理由であり，このガイドをもって教会を訪れたときに受ける空間の体験がどのようなものであるか，確認していただければというのが本書の期待するところである。

建築を構成する要素の知識や空間形式の名称などは次の用語解説にて確認していただきたい。

ロマネスク教会を楽しもう

パリを出ればいたるところにロマネスク教会がある。熱烈なる宗教心をもちながら巡礼される方は現在ではあまり多くないだろうし，本書でも，そのような巡礼を提唱しているわけではない。美術史的にはいずれも興味深いすばらしい教会であるが，それにまつわる仔細に及ぶ蘊蓄を探し回るのも本書の主題ではない。そうではなく，前述のようにロマネスク教会だけで体験できる強烈な空間体験こそがその主題であると考えている。土地の空気と素材で構成される素地に光と影が生みだす実体としての空間が，どのように私たちに訴えかけてくるのか。それを聖なる空間と感じればそれはそれでよいだろうし，テクスチャーをもつ素材の力とそこに投げかけられた光が芸術作品を構成していると感じられれば，それもその場が持つ力であろう。建築は抽象的には存在していない。その根源的な空間を五感で味わっていただくためのガイドでありたい。五感というからには，フランスでの大きな楽しみである食も忘れてはならない。ブルゴーニュに行って食を楽しまないとしたら，巡礼の意味がない。修道院は本来最高のワインを製造していた場所であり，中世の巡礼も，当時の熱烈なる信仰心の存在を否定はしないが，一種の（娯楽とは言わないが）楽しみであったはずである。こうした行為としての広義のロマネスク教会巡礼は，すべてのフランスの楽しみを代弁しているものであるというのがここでの趣旨であり，本文でもそのような意図の記述が出てくるが，わずらわしいと思われる方がおられればご容赦願いたい。

どのように巡るか

本書では歴史的な4つの巡礼路をたどるのではなく，おおよそ地域ごとのまとまりを重視して9つの経路を設定した。主要都市を基点とする順路という紹介をしているのは，建築的なまとまりと同時に交通の便宜性を交えた判断による区分であり，それは現在の行政区分には必ずしも整合しないが，内容を確認の上，自由に組み合わせていただければ幸いである。所要日数はどのように楽しむかによって大きな差が出ることが想定されるため，ここでは各地域最低5日間程度ということにとどめ，それ以上の解説はしていない。旅としてのプラクティカルな問題点は末尾を参照していただきたい。また，予備知識を深めるために関連図書一覧を末尾に付記してある。興味のある方はこれも参照されたい。

本書はガイドブックの体裁をとっているとはいえ，堀内広治撮影の写真を大きくフィーチュアしていることも特徴のひとつである。そのすばらしい写真はロマネスク教会の魅力を最大限に伝えてくれるものであり，読者は現地に足を運ばなくても十分に楽しんでいただくことができると確信している。

フランス語の日本語表記について

筆者は一建築家であり，語学や歴史を専門としていない。したがってフランス語の日本語表記には，学術的ならざる部分が多々あることをご了解いただきたい。
日本語の母音と子音を組み合わせるカタカナ表記によって音韻のコンセプトが異なるフランス語を正確に表現することは不可能に近く，その定説，あるいは慣用表記をすべて知るものでもない。極力これまでの出版物における表記を調べたつもりではあるが，調べれば調べるほど表記にばらつきのあることが判明するだけであった。
本書は建築を紹介するガイドブックであり，対象となる建築の予備知識をもちながらその場に到達することが最大の目標である。そうした趣旨に則り，日本語表記に関しては慣用表記に則する努力はしたつもりではあるが，部分的には逸脱している部分があるかもしれない。特にリエゾンによる発音の変化を含む場合は紛らわしいところだが，ここではたとえば，教会名のSaint Etienneはサン・テチエンヌ，人物名のSaint Etienneは聖エチエンヌのように表記した。また，聖書に登場する聖人に関しては，聖ペテロのように表記し，聖ピエールと仏語表記をとっていないのでご了解されたい。

用語解説

教会断面

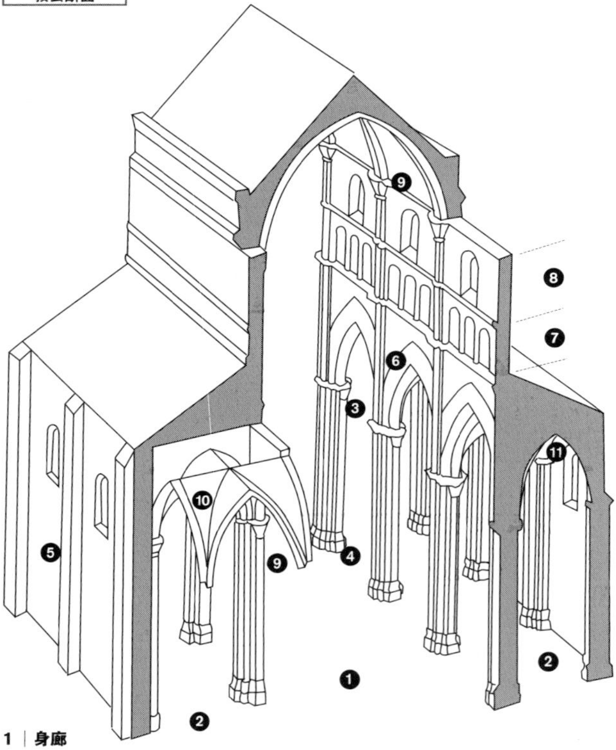

1｜身廊

2｜側廊

3｜柱頭

4｜柱脚

5｜バットレス

6｜アーケード

7｜トリフォリウム

8｜高窓

9｜リブアーチ

10｜尖頭交差ヴォールト

11｜尖頭ヴォールト

1 | タンパン（破風）
2 | まぐさ
3 | 窓間柱
4 | 付け柱
5 | 持ち送り
6 | アーキヴォルトアーチ

正面入口

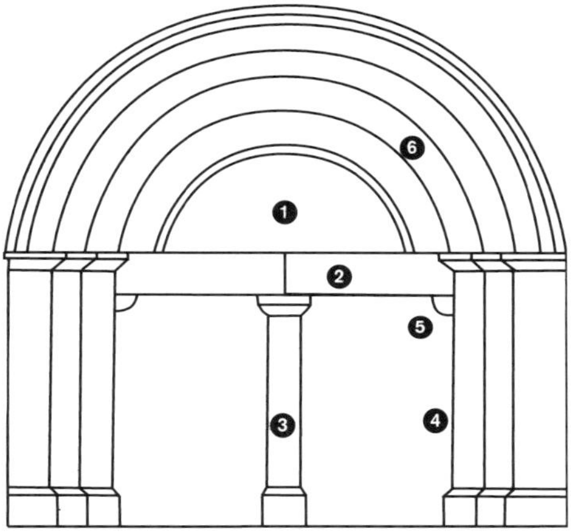

1 | 身廊
2 | 側廊
3 | 翼廊
4 | 交差部
5 | 内陣
6 | 後陣
7 | 周歩回廊
8 | 礼拝室
9 | 後背部

教会平面

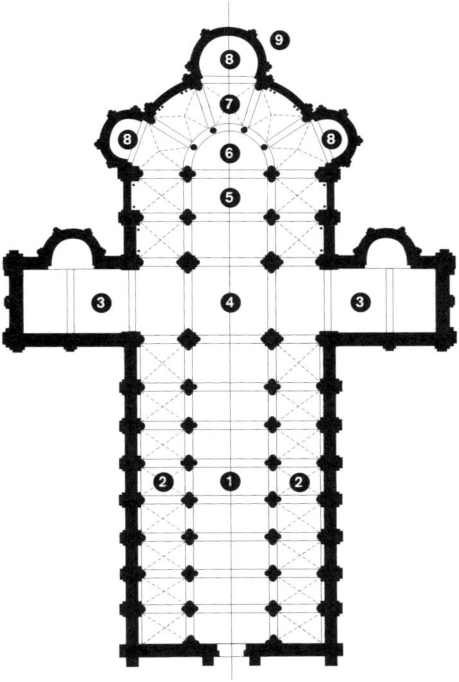

年表

800 シャルルマーニュ戴冠, カロリング朝フランク王国成立
813 ルイ・ル・ピオー戴冠
814 シャルルマーニュ死去
820 ノルマン人最初の襲来
827 サラセン帝国シチリアに侵攻
840 ルイ・ル・ピオー死去。3兄弟によるフランク王国分割。以後互いの領地争いから子孫への分割へと向かい, 各地に荘園領主を生み出してゆく。
840 サラセン帝国ローマ侵略
885 ノルマン人パリに到達
888 カロリング派ではないロベール派パリ伯爵オード, フランス王に選任。以後2派の対立が続く。
900 ハンガリー人バイエルンへ侵攻
910 マグレブにファティミド王朝成立。以後エジプト以東まで勢力を伸ばす。
929 コルドバにカリフ統治国成立。イベリア半島の中南部を統治下にする。
962 オットー1世ドイツ神聖ローマ帝国皇帝として戴冠。以後ドイツ王国, イタリア王国, ブルゴーニュ王国, ローマ教会などを統合する帝国となる。
987 ユーグ・カペがフランス国王となり伯爵統治による荘園領主への権力分散化から再統一へと改革を行う。
1016 フランス王国, ブルゴーニュを征服し統一
1019 サラセンがフランス南部に侵攻
1031 フランス王とノルマンディー公爵の確執が始まる
1032 神聖ローマ帝国, ブルゴーニュ王国を統合。アンリ4世, 神聖ローマ帝国皇帝となる。
1072 フランドル伯爵領がフランス王国から脱退
1076 アンリ4世が司教会議にて教皇グレゴワール7世退位勧告。教皇は報復として王位剥奪を通告。1077年にカノッサの屈辱として知られる和解。
1082 ヴェネツィア, ビザンチン帝国におけるノルマンの脅威を排除。帝国内の商業権を獲得。
1093 ノルマン, ロンバルドらがローマ制圧
1096 第1回十字軍ピュイ司教を中心として派遣。
1147 フランス王ルイ7世, ドイツ王コンラッド3世によって第2回十字軍ヴェズレーより派遣。エルサレムの奪回を果たす。
1176 ロンバルド連合, 神聖ローマ帝国に勝利し協定を結ぶ。
1180 フィリップ・オーギュストがフランス国王となり, 直轄領の拡大に向けて各地荘園領主との争いがはじまる。

1202 教皇イノセント3世によって第4回十字軍派遣。
ヴェネツィアとの連合によってコンスタンチノープルを制圧し，ラテン帝国を設立。
帝国は以後1291年まで存続。

1217 第5回十字軍ハンガリーへ派遣

1228 第6回十字軍神聖ローマ帝国皇帝フレデリック2世によって派遣。
エジプトのスルタンと協定を結び，エルサレム，ベツレヘムなどを獲得。
エルサレム王国を設立。

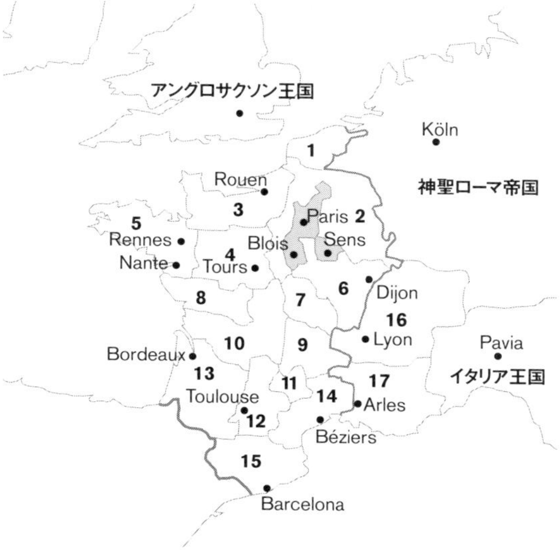

1000年頃のフランス王国

1 ｜ フランドル伯爵領
2 ｜ シャンパーニュ伯爵領
3 ｜ ノルマンンディー公爵領
4 ｜ アンジュ伯爵領
5 ｜ ブルターニュ公爵領
6 ｜ ブルゴーニュ公爵領
7 ｜ ブルボン伯爵領
8 ｜ ポワトー伯爵領
9 ｜ アキテーヌ公爵領
10 ｜ オーヴェルニュ伯爵領
11 ｜ ルエルグ伯爵領
12 ｜ トゥールーズ伯爵領
13 ｜ ガスコーニュ公爵領
14 ｜ ゴート領
15 ｜ バルセロナ伯爵領
16 ｜ ブルゴーニュ伯爵領
17 ｜ プロヴァンス伯爵領
グレー部分 ｜ 王直轄領

section 2

九つの巡礼路

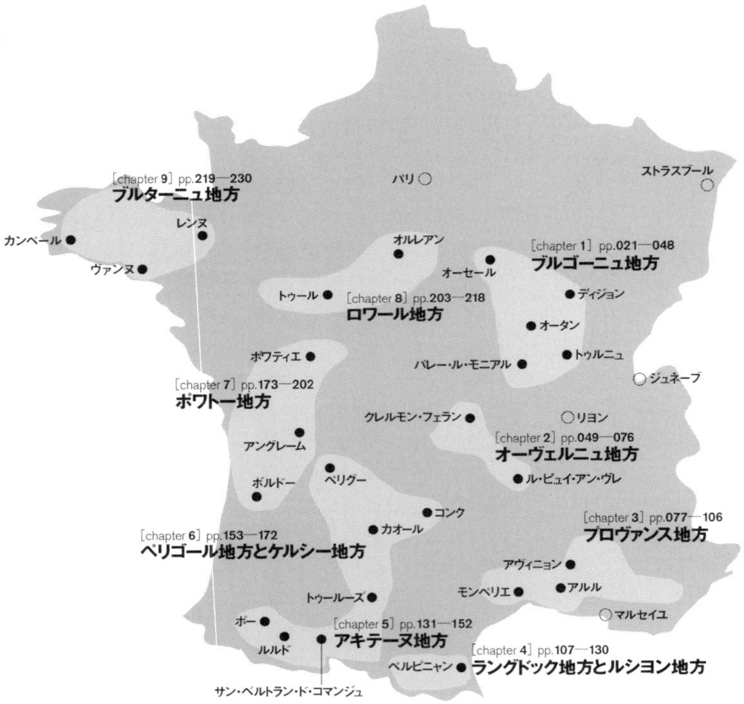
[chapter 9] pp.219—230
ブルターニュ地方
レンヌ
カンペール
ヴァンヌ
パリ
ストラスブール
オルレアン
[chapter 1] pp.021—048
ブルゴーニュ地方
オーセール
ディジョン
トゥール
[chapter 8] pp.203—218
ロワール地方
オータン
ポワティエ
トゥルニュ
パレー・ル・モニアル
ジュネーブ
[chapter 7] pp.173—202
ポワトー地方
クレルモン・フェラン
リヨン
[chapter 2] pp.049—076
オーヴェルニュ地方
アングレーム
ペリグー
ボルドー
ル・ピュイ・アン・ヴレ
コンク
カオール
[chapter 3] pp.077—106
プロヴァンス地方
[chapter 6] pp.153—172
ペリゴール地方とケルシー地方
アヴィニョン
モンペリエ
アルル
トゥールーズ
マルセイユ
ポー
[chapter 5] pp.131—152
アキテーヌ地方
ルルド
[chapter 4] pp.107—130
ペルピニャン
ラングドック地方とルシヨン地方
サン・ベルトラン・ド・コマンジュ

section 2
chapter 1

ブルゴーニュ地方

聖地マドレーヌ

1_ Bourgogne ブルゴーニュ地方のロマネスク教会

ブルゴーニュは中央フランスにあって南北交通の要衝であり，中世を迎えた頃に飛躍的に水陸交通が発達した地域である。10世紀終わりから12世紀中頃まで平和と繁栄を象徴するように数多くのロマネスク教会が建設され，特にブリオネ周辺とトゥルニュ周辺に建設された教会数は異例に多く，豊かな地域を象徴する証言ともなっている。
初期ロマネスクの傑作はトゥルニュであり，他に類を見ない独特の空間構成と美しい石づかいでこの地域に独自の存在感を見せている。もう一つの特異な存在は，イタリアとの交流から生まれたディジョンのサン・ベニーニュとシャペーズである。サン・ベニーニュはクリュニー修道院長がイタリアから招いた僧によってイタリア風の古代的な建築が成立した例であり，シャペーズはおそらく石工らの広範な活動によって実現したものであり，ロンバルディア風の合理的で厳格な表現をもち，存在感のある表現と大きな石づかいは，多くの教会に影響を与えている。
しかし最も大きな存在は「第二のローマ」クリュニーである。多くの人材を輩出し，ローマ教皇に選出される修道院長も数多く，ブルゴーニュだけでなく全キリスト教文化圏でも政治・経済の1つの中心地として繁栄の頂点を極めた物的証拠は，残念ながら遺跡と断片的に残された彫刻でしか確認することはできないが，支配下にあった教会を巡ることでその全体像をイメージすることができる。尖頭アーチの下に高窓を連ねる優雅な身廊の構成は，パレー・ル・モニアル，ソーリュー，ボーヌ，オータン，スミュール・アン・ブリオネ，シャリテ・シュール・ロワールなどにそのまま表現され，2つの鐘楼をもつ入口部分は，パレーにそのまま採用されている。独特の豊かで詳細な表現主義的彫刻群は，地域全体に及ぶ彫刻家たちの活躍を証言しており，ヴェズレーとオータン，クリュニーに見るきわめて質の高い彫刻の類似性と，限られた時間の中で製作されている条件から，当然同じ腕の作品を想定させるものである。
クリュニー派の教会は尖頭アーチを基本とする構成であるが，同じ時期に交差ヴォールトを採用し，論理的なリブをもつ柱と合理的で美しい比例で裏づけられた，完成された空間を見せているのが，アンジー・ル・デュックであり，その完成度の高さによってヴェズレーに明確な影響を与えている。
同じ尖頭アーチを常に意匠の基本としながら，基本的に彫刻や鐘楼などの要素を拒否しているシトー派も，ブルゴーニュがその中心地のひとつである。残念ながらシトーにはロマネスクの遺構は残されていないが，フォントネーは完成されたシトー派の建築と周辺施設が，その生活をイメージできる形で残されている貴重な存在である。シトー派の建築がそのままゴシックへと移行してゆく中間段階を示しているのが，シトー派でも多くの教会を傘下に収めていたポンティニィである。
ブルゴーニュは現在でも豊かな農地をもつ穏やかな丘陵地であり，そうした経済的な背景は同時に美しい自然の背景となって修道院の遺構を美しく際立たせている。

主要都市 | Bourgogne

1	オーセール[AUXERRE]
2	ディジョン[DIJON]
3	オータン[AUTUN]
4	トゥルニュ[TOURNUS]
5	パレー・ル・モニアル[PARAY LE MONIAL]

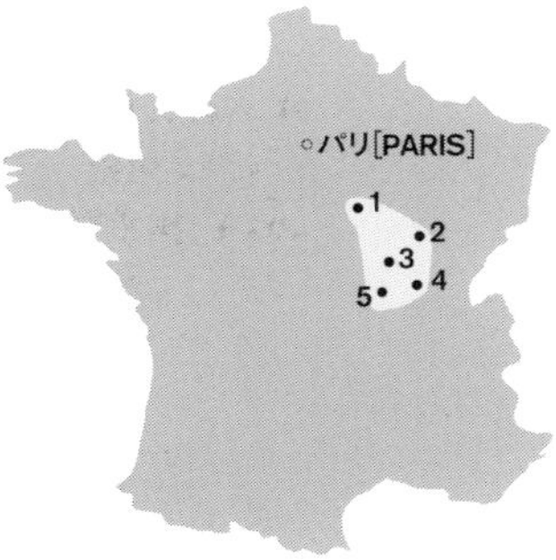

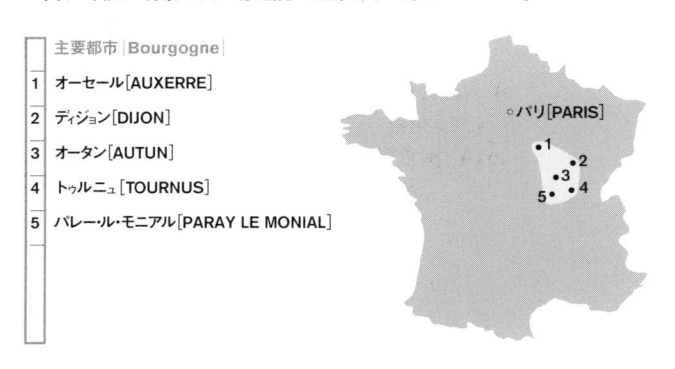

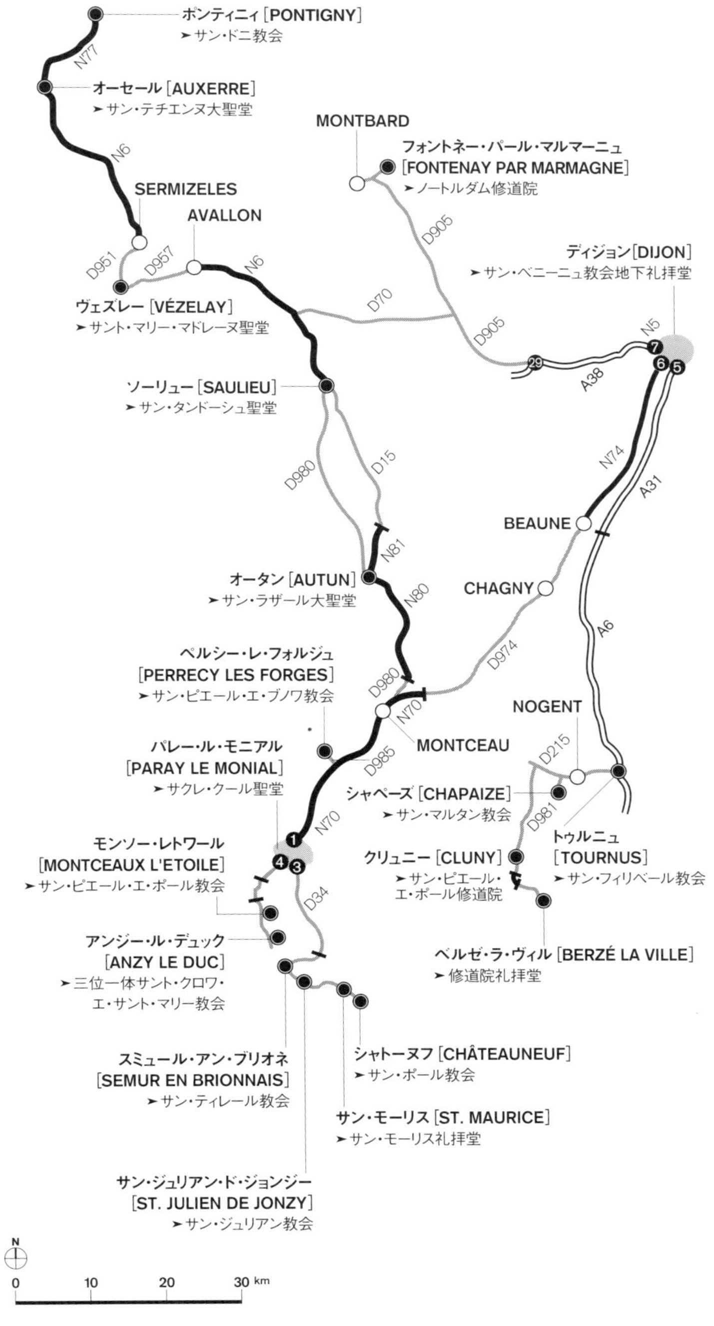
ポンティニィ［PONTIGNY］
➤サン・ドニ教会
N77
オーセール［AUXERRE］
➤サン・テチエンヌ大聖堂
N6
SERMIZELES
AVALLON
MONTBARD
フォントネー・パール・マルマーニュ
［FONTENAY PAR MARMAGNE］
➤ノートルダム修道院
D905
D951
D957
N6
ヴェズレー［VÉZELAY］
➤サント・マリー・マドレーヌ聖堂
D70
ディジョン［DIJON］
➤サン・ベニーニュ教会地下礼拝堂
D905
N5
29
A38
7
6
5
ソーリュー［SAULIEU］
➤サン・タンドーシュ聖堂
D980
D15
N74
A31
BEAUNE
N81
オータン［AUTUN］
➤サン・ラザール大聖堂
N80
CHAGNY
A6
ペルシー・レ・フォルジュ
［PERRECY LES FORGES］
➤サン・ピエール・エ・ブノワ教会
D974
D980
N70
NOGENT
MONTCEAU
パレ・ル・モニアル
［PARAY LE MONIAL］
➤サクレ・クール聖堂
D985
D215
シャペーズ［CHAPAIZE］
➤サン・マルタン教会
N70
D981
モンソー・レトワール
［MONTCEAUX L'ETOILE］
➤サン・ピエール・エ・ポール教会
1
4
3
トゥルニュ
［TOURNUS］
➤サン・フィリベール教会
クリュニー［CLUNY］
➤サン・ピエール・
エ・ポール修道院
D34
アンジー・ル・デュック
［ANZY LE DUC］
➤三位一体サント・クロワ・
エ・サント・マリー教会
ベルゼ・ラ・ヴィル［BERZÉ LA VILLE］
➤修道院礼拝堂
シャトーヌフ［CHÂTEAUNEUF］
➤サン・ポール教会
スミュール・アン・ブリオネ
［SEMUR EN BRIONNAIS］
➤サン・ティレール教会
サン・モーリス［ST. MAURICE］
➤サン・モーリス礼拝堂
サン・ジュリアン・ド・ジョンジー
［ST. JULIEN DE JONZY］
➤サン・ジュリアン教会
N
0
10
20
30 km

[ディジョン]
Dijon

➤サン・ベニーニュ教会地下礼拝堂

Crypte Saint Bénigne

バジリカ式教会と集中式会堂の合体

歴史

ローマ時代の都市ディジョン周辺にあった墓地には多くの著名な聖人の墓があった。特に聖グレゴワール・ド・トゥールの墓は他を圧倒する規模をもっていたとされるが，聖ベニーニュはここに自らを収める聖堂を建設したと，11世紀に作られた彼に関する記録に残されている。歴史家によれば聖ベニーニュは実在しなかったのではないかという説もあれば，あだ名だったのではないかという説もある。9世紀，10世紀の侵略の時代を経て，11世紀に修道院長ギヨーム・ド・ヴォルピアーノは聖ベニーニュの新しい埋葬地としてカロリング朝の教会の後背部を改造し，3層に及ぶ円形建物を追加した。引き続き交差部分はバジリカ形式のまま改装され，1107年に教皇パスカル2世によって献納式が行われたが，その約30年後には火事でディジョンの町とともにかなりの部分を失った。現在残されているのは主に1280年から建設されたゴシック様式による建築部分であり，ギヨームの建築はその第一層部分が現在クリプトとして残されている。

概要

上部ゴシック教会の南側にある聖具室前の廊下にある階段からクリプトに下る。上部教会の後陣にあたるクリプト前室部分は前世紀の大きな改修が施され，一部オリジナルを損なっているとされるが，そこからはじまるギヨーム修道院長の円形建築は驚嘆に値する。ル・コルビュジエもここでの空間体験を印象的に語っている手記を残している。建設当初の建築は，第一層は洗礼者ヨハネを奉り，第二層は聖母を奉る空間で68本の柱から構成され，第三層は三位一体を奉る36本の柱による空間であったとされている。最頂部にはドームが載り，他にまったく類を見ない「全ガリアで最もすばらしい傑作」（聖ベニーニュの記録・11世紀）といえる建築であったと想像される。

残された第一層も外周の回廊天井部分に改修・改造が見られ，内側にオリジナルが多い。東側奥にさらに小さな礼拝室が連なっているが，938年の記述にこの小さな礼拝室と思われる部分があって，少なくとも10世紀にまで遡るカロリング朝の空間を体験できる，貴重な場所となっている。

ディジョンはマスタードをはじめとする食料品で有名な街である。それらの楽しみも失わないようにしたい。

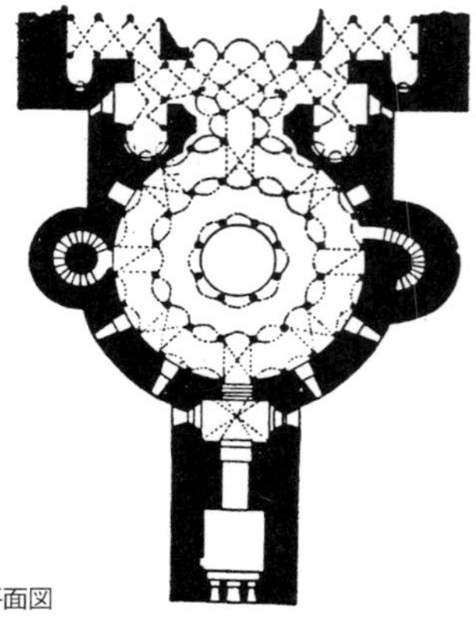

平面図

アクセス ➤ **地図** | p.**023**

町の中心にあり駅より徒歩約10分。

1 | 力強い列柱に支えられたクリプト。森の中にいるかの様である。

2 | クリプト柱頭彫刻。場所には似つかわしくないユーモア。

3 | 前室部分。この象徴的な光の効果に導かれてクリプトへと入っていく。

1

2 3

[フォントネー・パール・マルマーニュ]
Fontenay par Marmagne

➤ノートルダム修道院

Ancienne Abbatiale Notre Dame

世界遺産となった，
水路と森に映えるシトー派の原型。

歴史

1090年生まれの聖ベルナールがシトーでの修行の後，仲間とともに1118年から礎を築いた修道院。その後ベルナールは旅立ち，彼の叔父であるシャティヨン伯爵ゴドフロイ・ド・ロシュタイエが僧院長となり，母方の叔父であるレノー・デ・モンバールやオータン司教エチエンヌ・ド・バジェなどから土地の提供を受けるなどして，修道院の建設は進んだ。
1132年にゴドフロイが引退して後任者がついたが，1139年にイギリスより司教職を捨てて来仏したエブラール・ド・ノーウィッチが，自らの莫大な財産とともにフォントネーに余生を過ごすことになり，多くの建築はこのとき建設された。教会の完成は1147年であり，13世紀中にはその他の施設も充実した。1153年には345人の修道僧が集まっていたといわれる。1337年からはじまったイギリスとの百年戦争は，この修道院にも多大な被害を与えた。修道院は生き延びたが，たびたび略奪を受けた記録が残っている。16世紀の宗教戦争でさらに荒廃し，1636年には22人の僧が生活し，土地を耕作地として貸していたという。

概要

この地が修道院の建設地に選ばれたのは，豊かな水資源のためであり，水と森の精妙なハーモニーは今でも残されている。その美しい自然の中に厳格で均質なシトー派の建築が調和し，静謐な環境には息を飲む思いがする。
シトー派の教義にもとづき，ほとんど装飾的要素はなく，鐘楼もなく，粗い石でありながら環境の中で完璧な質感を持つ教会。それはシトー派教会のモデルとして，他の教会に大きな影響を与えている。
幾何学的には多くの場所に黄金比があてはめられている。教会正面には梁を架ける支持材が残されているが，ここには本来ナルテックス状の差し掛け屋根があったと考えられている。
天井の低い参事会室および僧が日常過ごす部屋が南側にあり，芝生の心地良い中庭に連なっている。参事会室の上には雄大な木の船底天井が美しい僧たちの寝室がある。本来この天井は石のヴォールトであったが，火事で焼け落ち，現在の木製架構は15世紀に起源を持つものである。
現在，この複合施設はユネスコの指定する世界遺産となっている。

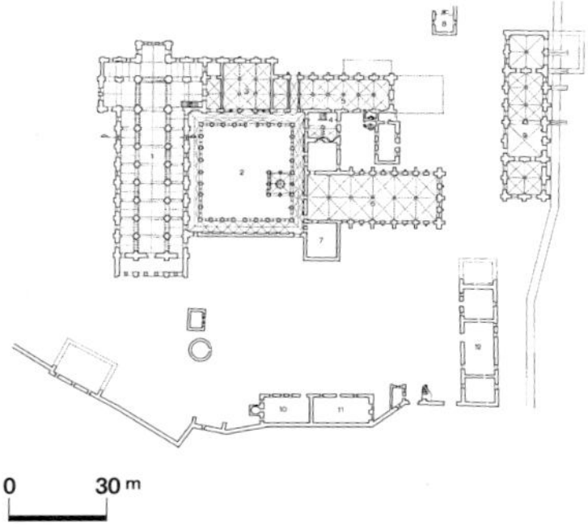

平面図

アクセス ➤ 地図 | p.023

Montbardから東へ6km。ディジョン[7]よりN5，A38，D905を乗り継いでMontbardをめざす。Montbard手前3kmを右折。あとは一本道。

1 | 教会正面。3廊式をそのまま素直に表現している。差し掛け屋根の痕跡が確認できる。
2 | 中庭回廊。右に参事会室，左に中庭を見る。天井を尖頭アーチで押さえ，柱頭などの装飾的要素はきわめて少ない，シトー派の典型的空間。
3 | 右翼廊から交差部と内陣を見る。開口部だけを光源とする光のグラデュエーションが，美しく完成された空間を演出している。

1

2

3

[ヴェズレー]
Vézelay

➤サント・マリー・マドレーヌ聖堂

Basilique Sainte Marie Madelaine

盛期クリュニーにも比肩する驚くべき密度の彫刻群。
黄金の丘にある巡礼拠点。

歴史

9世紀中頃に女子修道院と男子修道院がオータン公爵リヨン子爵によって作られたのが起源であるが，火事で焼失。11世紀はじめに，マグダラのマリアの遺骨がエルサレムよりバディロンという僧によってもたらされ，まだ小規模だった修道院は一躍その名を知られるようになった。豊かな土地は富をもたらし，コンポステーラへの巡礼路の起点になったことから僧は500人を数えるようになった。特に聖ベルナールがヴェズレーで招聘した第2回十字軍はこの町をさらに著名にした。建物は数々の変遷を経ているが，1104年の新築建物は1120年に大部分が焼失し，その直後の再建が基本的に現在に残る建築である。1145年に列柱玄関部分が完成し，1160年に古く小さくなった内陣が改造されゴシック風となった。13世紀以降緩やかに衰退し，15世紀のペストで決定的な打撃を受けることによって，1537年には僧は15人以下にまで減少した。

概要

美しいブルゴーニュの丘に展開する集落の頂点に位置するロマネスクの巨大な記念碑。すばらしい環境と他に類を見ない彫刻がみどころである。
彫刻は全部で200カ所におよび，さながら石の聖書が教会にちりばめられているかのようである。ファサードと列柱玄関の破風彫刻にはじまり，テーマは多岐にわたる。特に柱頭の彫刻では自由自在に物語が展開し,高さの制限がある場所に合わせたデフォルメの仕方が興味深い。逆に破風彫刻は人体を理想化する，スレンダーな人体造形に特徴がある。中央に使徒たちの前に復活したキリストが手を広げて十字形を表現し，まぐさには行進する衆生，アーチ部分に黄道十二宮と一年の仕事などが描かれている。ブルゴーニュにおけるロマネスク彫刻で最も熟練度の高い，最も感動的な作品である。
身廊の半円アーチに施された縞模様は，巡礼路を通じてスペインのイスラム文化の残像がここまで伝わったものとして興味深い。
翼廊から下るクリプトは9世紀起源のものと言われるが，ゴシックに近い，フォントネーやポンティニィに類似する彫刻がみられる。参事会礼拝室や中庭遺跡などがあり，聖ミッシェル，聖アントワーヌの鐘楼などゴシック部分が混在している。19世紀に修復されたファサードは，ヴィオレ・ル・デュクの指示によるものであるが，ひどく味気ない方法で行われている。
ヴェズレーには著名なレストランのある宿もあり，ブルゴーニュの楽しみのすべてがある。のんびりと一泊して丘の町を堪能したい。

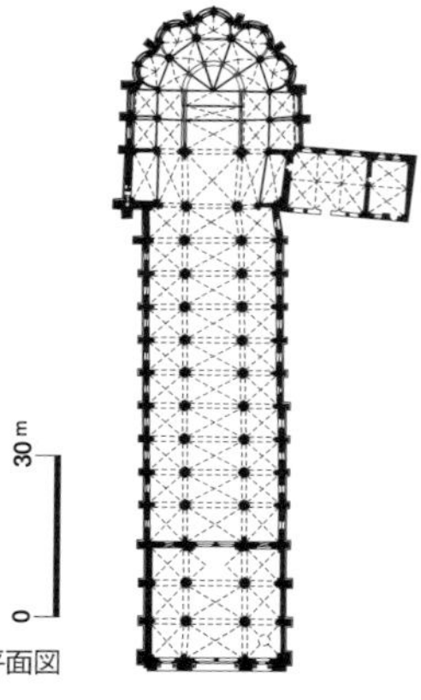

平面図

アクセス ➤地図 | p.023

オーセールより南東へ52km。オーセール[2]よりN6をアバロン方面へ行き，Sermizellesの先でD951に入る。約10kmでヴェズレーの丘が見えてくる。

1 | ヴェズレーは丘の街。教会はその最上部に位置する。
2 | ナルテックス中央，身廊への入口にあるタンパン彫刻とまぐさ，アーチ彫刻。

1

2

3

3｜タンパンの「キリストの栄光」。

4｜100個近くある柱頭の1つ。まるで柱頭の林の中にいるような感じ。

5｜縞模様のアーチが印象的な身廊。

6｜後背部からの風景は視界が開け，運が良ければたなびく霞が美しく輝く田園風景を見ることができる。

4

5

6

[ポンティニィ] Pontigny

➤サン・ドニ教会 Eglise Saint Denis

シトー派最大の教会

歴史

シトーの第二の支院として1114年に創設された教会。アンシウスという僧がシトーの修道院長エチエンヌ・アーディングにこの地の森を献上したことから，聖ベルナールの友人であったマコンの修道院長ユーグが送られ，教会の基礎を築くこととなった。彼はポンティニィの後，オーセールに司教座を創設し，多くの教会を創設していった。最終的にポンティニィの配下には全ヨーロッパに43の支院を数えることになる。本格的な建築は，シャンパーニュ公爵ティボー・ル・グランがポンティニィに財産を献上したことから1150年よりはじまる大教会と修道院の建設にはじまり，その領域は40ヘクタールにまで及んだ。1160年から1240年までイギリスでの権力紛争から逃れてきたカンタベリー枢機卿たちをもてなしたことから，フランス王とシトー派との確執やローマ教皇を巻き込む紛争を生むきっかけともなった。

概要

村の名前は教会の紋章にもなっている，3人の司教と3人の公爵が出会ったといわれる8世紀にあった橋（ポン）が起源である。村の中心からポプラ並木が長く伸びる導入路の先端にあって，明快な正面性をもつ美しいファサードとシルエットの大教会。
フォントネーにも痕跡がある差し掛け屋根の入口はよく保存された12世紀のオリジナルである。1150年頃に建設された交差部までと1185年頃に建設された内陣・後陣とで構成される。多くの系列教会を配下にもつ豊かな経済的背景が可能にした規模にもかかわらず，シトー派の清貧で禁欲的な基本を守っているが，巡礼とは基本的に関係のないシトー派では唯一，正確な半円平面で構成される後陣周歩回廊をもっている豊かな教会である。
柱頭などの装飾は廃し，あくまでも穏やかで簡潔な表現を守り抜いていながらも，外観の強烈な水平ラインをもつシルエットの後背部に飛ぶバットレスや，内部でのリブと壁の表現上の分離などに見られるように，すでにゴシックの足音を感じさせる荘厳で華やかな印象を与える教会となっている。
北側に中庭の痕跡をわずかに残しており，その他倉庫や食堂などの施設のいくつかが残存し現在はその一部が職業訓練校として使われている。黄金の丘陵地コート・ドールのぶどう畑の多くの領域は，このポンティニィが所有していたことからも，修道院の豊かな背景を知ることができる。近辺には白ワインで有名なシャブリ村があり，こちらもぜひ訪問したい。

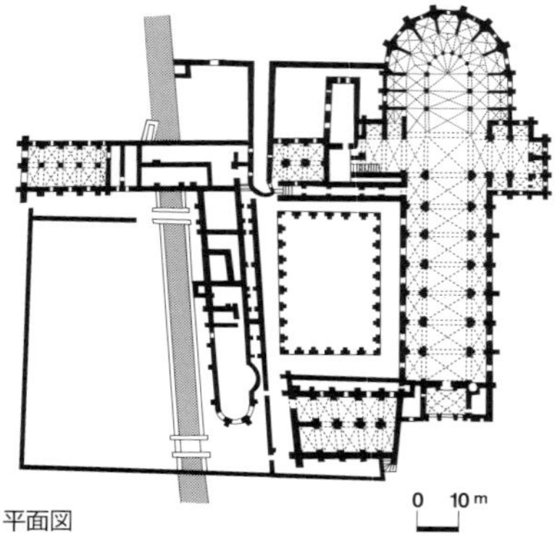

平面図

アクセス ➤ 地図 | p.023
オーセール[1]より北東へN77で一本道。

1 | シトー派には珍しい回廊式の後陣をみせる後背部。フライング・バットレスも例外的。

2 | 正面に控えめな塔を例外的に持つ以外は，めだつ鐘楼などの要素を廃した質素なプロフィールだが，長大なスケールが田園の中に際立つ。

1

2

[ソーリュー]
Saulieu

➤サン・タンドーシュ聖堂

Basilique Saint Andoche

さまざまな柱頭彫刻と
三層構成の整った身廊。

歴史

司祭アンドーシュ, 助祭ティルス, 商人フェリックスが177年ソーリューで殉教し, 彼らの遺物を収める原始的な教会が306年に建設され, 843年シャルルル・ル・ショーヴによってオータン司教とソーリュー公爵の力を借りてサン・タンドーシュ修道院が建設された。この修道院も荒廃し, 1080年にオータン司教エチエンヌ・ド・バジェによって再建された教会が現在に残る中心部分である。1119年にはブルゴーニュ出身の教皇カリクスト2世がこの地に立ち寄り, 改築して新しくなった教会に聖人たちの遺骨を納める儀式が行われた。1139年には規模を拡大して僧会教会となったが, その後の百年戦争で壊滅的な打撃を被った。

概要

ロマネスク起源の興味深い作品だが, かなり後世の手が入っている。台形の後陣は18世紀の作, 内陣や側廊は17世紀の改修であり, 正面入口破風飾りはヴィオレ・ル・デュクの指名を受けたリヨンの彫刻家によるオリジナルを改造した作品である。したがって, 見所はロマネスク時代がよく残る美しく優雅に整った身廊と, さまざまな柱頭彫刻である。
身廊壁面はクリュニー風の三層構成であり, 美しい連続アーチが印象的。オリジナルの柱頭彫刻は9カ所であるが, テーマは植物, 動物, 聖書の物語などの混合で, いずれも異なる独立した表現をもっている。教会名である聖アンドーシュの墓があり, 宝物にはシャルルマーニュのミサ書がある。
食事時にこの町を訪れる予定であれば, 三ツ星レストランのあることを念頭に入れておくとよい。

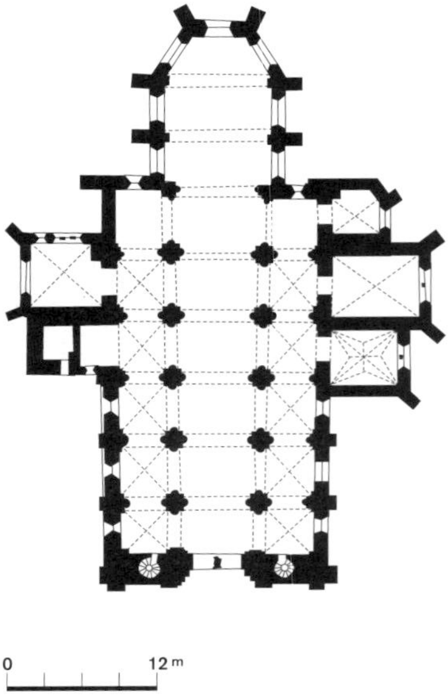

平面図

アクセス ➤ **地図** | p.**023**

オータンより北へ41km。アバロン[2]よりN6で一本道。国道の右手に鐘楼が見えてくる。

1 | 数々の改造・改修を受けた北道路側壁面。それぞれの要素がまったく時代の異なる部分であることが表現から分かる。

2 | いくつかの柱頭はオリジナル部分。アーカンサスの葉を刻んだ植物の柱頭。

3 | 物語を刻む柱頭部分。

1

2 3

[オータン] Autun ➤サン・ラザール大聖堂 Cathédrale Saint Lazare

ヴェズレーと兄弟関係にある
完成されたタンパン彫刻と参事会室の柱頭彫刻。

歴史

5世紀の教会は現教会の側面向かいにあって聖レジェールを奉るバジリカ式で，内陣をモザイクで飾っていたと推測される。11世紀末から12世紀初め，拡張主義の歴代司教たちは聖ナゼールを奉ることとし，規模は一気に拡大した。エチエンヌ・ド・バジェが司教になると，オータンの司教区にありながらマグダラのマリアの遺骨をもち巡礼の基点として独立主義をみせていたヴェズレー修道院との間の権利関係を調停したうえで，10世紀からもっていたマグダラのマリアの兄弟である聖ラザロの遺骨を奉る巡礼教会へと転身し，ヴェズレーと並ぶ巡礼地となったのである。1119年教皇カリクスト2世が旅の途上，この地に住む妹のもとへ立ち寄った機会に，ブルゴーニュ子爵が教会用地を献上したことから建設が始まり，サン・ラザール教会として1146年に完成した。外観に見える部分はほとんど15世紀に改造・付加されたものであり，身廊柱から内陣にかけてが12世紀の部分である。側面にあったロマネスクの破風彫刻は著名であったが，革命後の18世紀に売却され，その一部は広場の反対にあるロラン博物館に収められている。入口部分の塔は18世紀に改造されたが，19世紀にパレー・ル・モニアルを模範として再建されたものである。

概要

丘の町とふもとに広がる町で構成され，教会は丘のほぼ頂上部にある。入口タンパン彫刻の中央に描かれたキリストの足元にGislebertのサインがある。この彫刻家はヴェズレーの彫刻家であり，ヴェズレーでの彼の作品の名声を聞いたエチエンヌ・ド・バジェが呼んだのではないかとされる。理想化されたスレンダーな人物彫刻は独特のスタイルであり，これをきっかけにブルゴーニュ中でコピーされ，広まった。身廊の柱頭には，ノアの方舟を始めとする聖書の物語やエチエンヌの殉教など，劇的な質の高い彫刻が描かれている。また見落としてはならないのは，右翼廊奥から階段で上った場所にある参事会室内の柱頭である。東方三博士の礼拝，エジプトへの避難などのすばらしい14の彫刻群は必見である。ロラン博物館は，枢機卿の職を務めたロラン家が，いったん散逸した彫刻を集めたもので，これもぜひ見ておきたい。

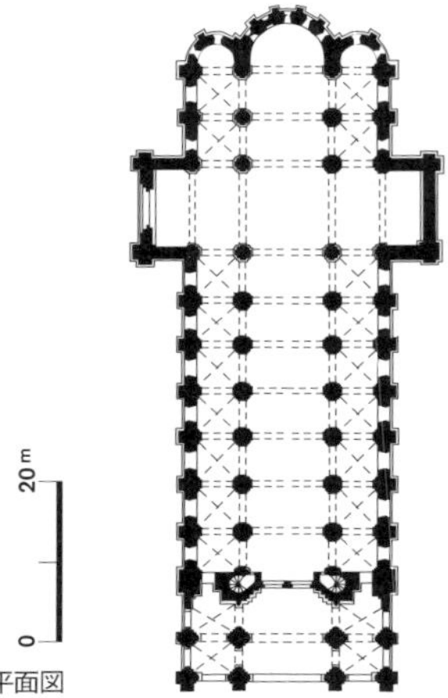

平面図

アクセス ➤地図 | p.023

Saulieu より南へ41km。ソーリュー[4]よりD980をAutun方面へ一本道。オータン駅より徒歩約20分，急な坂道を登りきったところにある。

1 | 正面入口タンパン彫刻。極端な人体プロポーションが印象的な作品。キリストの足元に作者と思われる名前が刻まれている。

2 | 大聖堂は丘の最上部付近の象徴的な場所にある。足元には大きな街が広がる。街にアプローチする途中から大聖堂の尖塔が街の目印になる。

3 | 内陣の柱頭にある「受胎告知」の彫刻。立体感を強く表現し，説明的な構成が聖書を教育的に説明する機能を雄弁に語っている。

1

2 3

[トゥルニュ]
Tournus

➤サン・フィリベール教会

Eglise Saint Philibert

**ローヌ川河岸の名勝地に構えるピクチャレスクな城壁都市。
ピンク色に輝く彫刻的空間。**

歴史

トゥルニュは河川交通と陸上交通のバランスが良く，戦略的な要衝であったことから，その歴史は建設と破壊で綴られる。ノルマン人の侵攻によって追い出されたサン・フィリベール・デ・グランドリオーの僧たちが転々と居場所を移す中で，875年，国王シャルル・ル・ショーヴがこの地を与えたことがその起源とされる。聖フィリベールの遺骨もこのとき運び込まれた。937年にハンガリー人の侵攻によっていったん焦土となり，すぐに再建された。聖ヴァレリアンの遺物をクリプトに納めたのは979年であった。その後，1019年にシャロンとマコンの司教による献納の記録があり，現在の建築はこの時ほぼ再建されたと考えられる。1066～1108年に身廊の天井の架け替えがなされ，1120年にクリュニーの僧であった教皇カリクスト2世による献納式が行われている。

概要

教会は象徴的でマッシヴな円筒形の塔を入口にもつ民家と一体となった城壁に囲まれるようにして，その中心に位置する。入口ナルテックスの上にサン・ミッシェル礼拝室があるために上へと伸びる空間構成をもち，城壁入口から切り取られるように見えるファサードは現実以上に強烈な縦長のプロポーションを見せている。
18世紀に60cm床レベルを上げられたナルテックスは洞窟のように暗く，上部の礼拝室を支える力強い4本の柱が象徴的である。天井には貴重なフレスコ画が残っている。身廊，側廊の空間は明るいピンクの石ときわめて少ない装飾的要素，繰り返しのリズムを作る装飾のない丸柱と半円アーチによって純粋で彫塑的な強い印象を与えるものとなっている。
サン・ミッシェル礼拝室は同じ様式の太い丸柱に半円ヴォールトを架け，石のテクスチャーのみで作られる純粋な空間となっている。礼拝室と側廊との境界壁にプリミティヴな彫刻で飾られたジェルラニュスと呼ばれるアーチがあり，980年の年号が打たれている。礼拝室側にプリミティヴな人物彫刻が施されているが，一説ではジェルラニュスという名の建築家の肖像とされている。内陣奥の中央の礼拝室に聖フィリベールの遺骨が納められている。その他に聖ヴァレリアンの地下礼拝室，暖房室などがある。内陣回廊の壁画は12世紀，側廊右側にあるビューンの聖母彫像は12世紀の作品。

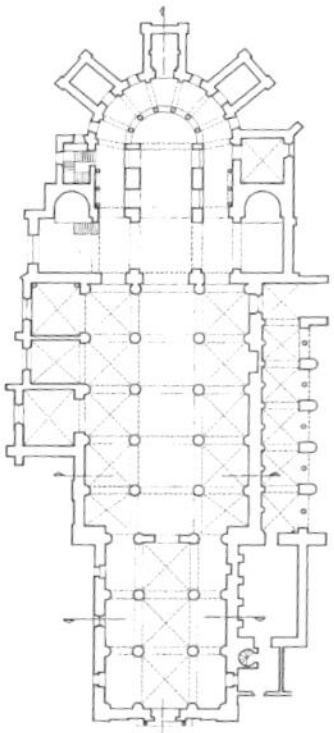

平面図

アクセス ➤地図 | p.023

ディジョン[5]より高速A31，A6を乗り継いでトゥルニュで下りるとすぐ市内に入れる。大きな教会なので分かりやすい。駅より歩いて5分ほど。

1 | 街を囲む城壁の入口から教会正面を見る。
2 | ナルテックスの上に載ったサン・ミッシェル礼拝室。きわめて限られた開口部からは強烈な光線が射し込み，太い4本の丸柱から展開するアーチの彫塑性を浮かび上がらせる
3 | 身廊から内陣方向を見る。装飾的な柱頭を持たず，横方向の半円筒ヴォールトが独特の構成を見せる。

1

2　3

[シャペーズ] Chapaize ➤サン・マルタン教会 Eglise Saint Martin

**歴史に翻弄された，
ロンバルディア風のロマネスク小教会。**

歴史

シャペーズはラテン語のCampus，森に囲まれた平野を意味する語に発している。10世紀にベネディクト派に洗礼を受けた人々の避難所のような施設が作られたが，11世紀になると修道院としての施設が必要となった。その後，土地が騎士団とユクセルの領主に帰属し，14世紀にはシャロンのサン・ピエール修道院に所属する小修道院となった。16世紀にはシャロンが宗教戦争で疲弊し，サン・ピエール修道院がこのとき移転してきて合体している。ロンバルディアの石工によって建設されたためにロンバルディア風の建築となっている。最初の建築は1030年から1050年頃までにほぼ完成していたが，1150年頃に半円ヴォールトが落下し，尖頭ヴォールトに変えて再建されている。13世紀はじめ，近辺にあったランシャールの教会をモデルに後背部を再建。14世紀から15世紀の間に屋根の葺き替えを行ったが，屋根材の性質から傾斜が強められた。16世紀半ば頃までに現在まで残る内部装飾が完成している。

概要

教会は印象的な直線状のアプローチの脇に突然現れ，数件の家と集落を形成している。クリュニーがこの地域に広範な影響をもっている中で，この地域では他に類を見ない北イタリア風の外観が異彩を放つ。シャロンの修道院長がロンバルディアの貴族で後にディジョンの修道院長となったギヨーム・ド・ヴォルピアーノとの知己によって，ロンバルディアの名工を招聘し建築させたことから，地中海的なローマの伝統をもち，北イタリアのロンバルド帯やアーチ装飾をもつ教会が生まれたのである。ほとんど装飾的な彫刻はなく，簡素で純粋な初期ロマネスクの力強い表現である。遠方からの目印としての役割をもつ鐘楼が，意匠の中心にすえられているが，これもロンバルディア風である。

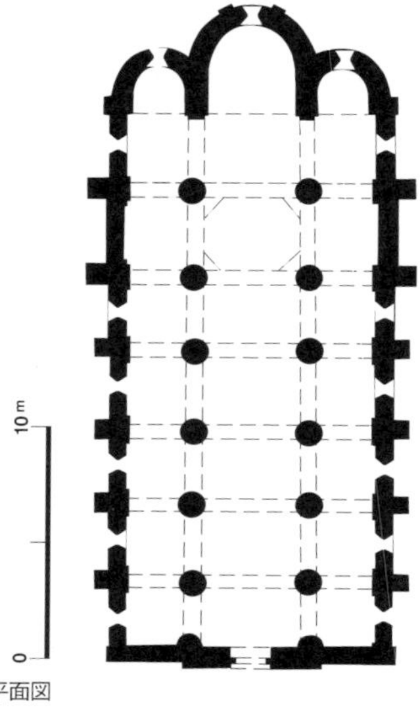

平面図

アクセス

➤地図 | p.023

トゥルニュより西へ20km。トゥルニュ[3]よりD215を約17km西へ，Nogene村先3kmを左折，約1.5km。人口100人くらいの小さな村。

1 | 11世紀初め頃の古さを感じさせる力強いプロポーションの柱と装飾的要素の少なさ，開口部の小さい壁に特徴がある。足元の明るさと天井の暗さの対照が美しいグラデュエーションをつくっている。

2 | 交差部に鐘楼を立ち上げる形式は近辺の教会に影響を与えており，類似例が多く存在する。周辺には数軒の民家しかなく，小さなコミュニティーの中心としてモニュメンタルな外観を持つ。

1

2

[クリュニー] Cluny

➤サン・ピエール・エ・ポール修道院

Ancienne Abbatiale Saints Pierre et Paul

かつて最大, 最強だった
総本山を偲ぶ遺跡群。

歴史

ピオーことギヨーム・ド・アキテーヌ(オーヴェルニュ・ヴレイ・マコン伯爵)が910年9月に設立した修道院。その後910年から1130年まで, 3つの教会をつくり続けた。最初の教会は926年に献納, 続いて981年に新しい教会を竣工させ, それもすぐに規模が足りなくなって1088年から大工事がはじまった。当初の計画では当時の大教会, トゥールーズのサン・セルナンやコンポステーラとほぼ同じ, 長さ125m程度だったが, 入口側の計画を追加することによって187mの規模となった。

概要

ロマネスク最大の教会であり, フランス革命まではその巨大な建築がほとんどそのまま残っていたが, 所有権剥奪により切り売りされ, ばらばらに解体された。現在残っているのは南翼廊にあたる巨大な塔状建物だけとなった。

発掘によると正面に2つの鐘楼, 3廊式で5スパンのナルテックス構成, 14スパンで途中に2列の翼廊をもつ主廊部, 回廊に放射状に展開する5つの礼拝室がある内陣などによって構成されていた。

庭園の奥にある付属建物「粉引き小屋」には10本の彫刻された柱頭とロマネスク風の内陣や祭壇があり, 「オシエー博物館」には修道院の彫刻などの遺物が展示されている。断片的に残された彫刻群の質の高さは, 当時の面影を偲ぶ重要な手がかりとなる。唯一残された建築である南翼廊の開口部にも繊細な彫刻を見ることができる。

15世紀のブルボン礼拝堂, 14世紀のジェラス教皇館, 18世紀の修道院施設などの発掘が続けられている。

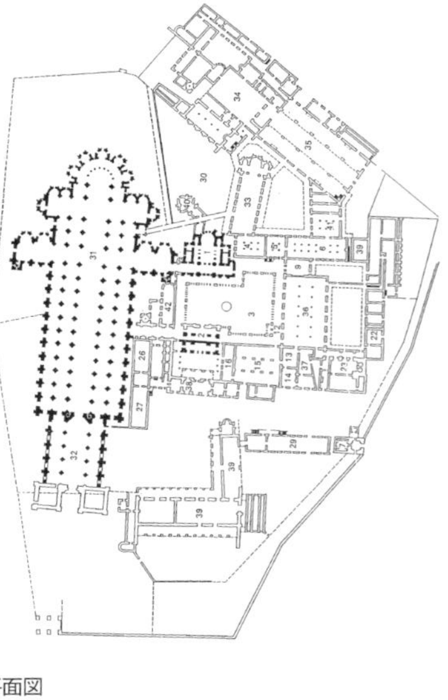

平面図

アクセス

➤地図 | p.023

トゥルニュ[3]よりD215をSt-Gengoux方面に約20km走る。D981との交差点を左折し, クリュニー方面へ約20km走ると独特の鐘楼が見えてくる。このあたり霧がよく出る。日本では想像もつかないほどの濃い霧なので要注意。

1 | かつての栄華が偲ばれる遠景。緩やかな丘に囲まれ, 平面的な拡張が比較的自由で, 他地域からのアクセスが良い立地にある。

2 | 唯一残された右翼廊鐘楼の内部吹き抜け空間。3層構成と尖頭アーチが特徴。
この巨大さから, かろうじて失ってしまった建築全体像を想像することができる。
特別な公開期間には鐘楼最上部にまで昇ることができ, 鳥瞰が可能になる。

1

2

[ベルゼ・ラ・ヴィル] Berzé la Ville ➤修道院礼拝堂 Chapelle Priorale

ブルゴーニュで唯一の完成された形で残る,
驚くべきビザンチン風壁画。

歴史

1046年から1063年頃, 近郊のマルシニーの修道院が建設され, ベルゼはその傘下にある教会であった。11世紀終わり, 強大な権力を確立していたクリュニーとの協定でマルシニーはイゲランドとベルゼとを交換する形でクリュニーに献上した。クリュニーの修道院長, 聖ユーグはクリュニーに近い静かな居所を求めていたために, この地はクリュニーの第2の住居となったのである。いったん落雷で多くの施設を失うが, すぐにユーグの希望で再建され, このときの建築が現存していると考えられている。

概要

緑豊かな丘陵地を見下ろす丘の一角に密かに建つ, 農家のような礼拝堂。小さな建物で外部にこれといった特徴はない。3スパンの身廊に半円ヴォールトがかかり, 長方形の内陣に半円の礼拝室がつくという単純な構成。
内陣, 身廊によく残るすばらしい壁画が唯一の見所である。聖ユーグはクリュニーにモンテ・カッシーノからの壁画職人集団を招いており, 彼らの作品との説もあるが, ユーグの後を継いだ修道院長ポンスの文書でクリュニーの南に建てた礼拝堂がブルゴーニュでいちばん美しいと書いており, その職人が同じ時期にベルゼも描いたとする説もある。12世紀後半の作と考えれば, 濃く鮮やかな色の壁画は, ヴェズレー発の第2回十字軍が送られた当時の機運や精神をそのまま描いているとも思われる。理想化した肢体に流れるような衣類, そして顔つきなど, 明らかなビザンチン風である。クリュニーがなくなってしまった現在, この地域では他に類を見ない高い完成度を持つ壁画である。
拝観は3月2日から11月1日まで, 変更の可能性もあるので注意が必要。

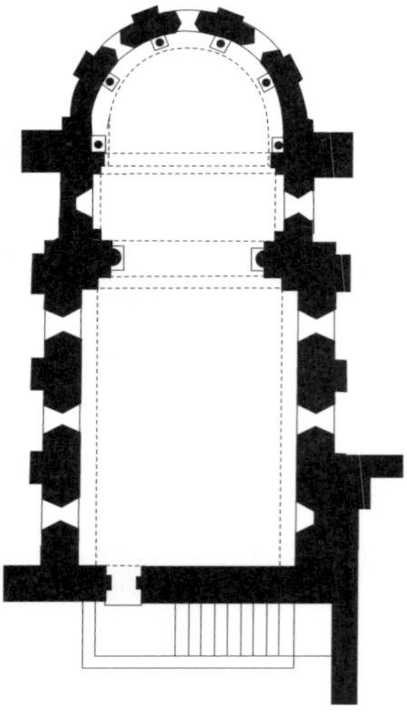

平面図

アクセス

➤地図 | p.023

クリュニー[3]よりD980を南下, N79を左折してすぐにD17に入る。約7kmでベルゼ・ラ・ヴィルの村に着く。修道院は大きな農家にまちがえそうな建物なので注意。

1 | 内陣, 後陣まわり全体に壁画が残る。中央に「栄光のキリスト」が描かれ, 複雑な衣類の流れや写実的な表現に特徴があり, 当時のクリュニー派を知ることのできる貴重な遺構である。
2 | 美しい丘陵地の只中にあって周囲を展望できる丘の上に位置する。谷の対岸にTGVの真新しい路線が景観を壊しているのが残念。
3 | キリストの両脇には12使徒が描かれている。内陣両側壁には聖ブレーズと聖ヴァンサンの殉教の場面が描かれている。

1

2 3

[パレー・ル・モニアル] Paray le Monial

➤サクレ・クール聖堂

Basilique du Sacré Cœur

クリュニーの縮小案。
小さな大モニュメント。

歴史

シャロン公爵ランベールがクリュニー修道院長マイルへこの地を献上することによって修道院が創設され，ランベールの子息であるオーセール司教ユーグはこの地の多くの小修道院をクリュニーの傘下にまとめることを認めた。この時の修道院は1004年に献納されたと考えられるが，現存する教会はクリュニーとの比較によってクリュニー建設直後である12世紀中頃の作であると考えられている。クリュニーの経験から建設はかなり短い時間で終了していると思われ，その成果は均質な外観に表現されている。

工事は東から西に向けて進められ，既存のナルテックスにつなぎ合わされたとされているのは，正面の双塔鐘楼部分と教会本体とは微妙に軸がずれており，異なる計画のもとにつなぎ合わされたと推定されるからである。

概要

かつての城壁際に流れる広いブルバンス河岸に面した美しい環境に建つモニュメンタルな教会。クリュニーの支院としての成り立ちから，双塔鐘楼のファサードをもつクリュニー大聖堂を縮小した計画として考えられ，同時にクリュニーの修道院を発展させた整然とした形式をもっている。

建設当初の修道僧は25人に満たない規模であったため平面は小ぶりだが，高さが強調され，ほぼ立方体に内包されるヴォリュームとなっている。したがって，現実以上にスケール感の大きいモニュメンタルな姿を見せている。

後陣はオーヴェルニュに多くみるような巡礼教会の形式をもつ。回廊に沿う放射状に配置される3つの礼拝室があり，外観においてはピラミッド状の印象的なシルエットを作っていて，高さを強調したヴォリュームをさらに劇的な表現にまで高めている。

内部空間はクリュニーに範をとる3段の壁面構成をもち，高窓を中心とする採光によって上昇感・浮遊感を演出した光の調和が印象的である。内陣天井画は15世紀の作品，八角形の鐘楼は19世紀に取り替えられたものである。

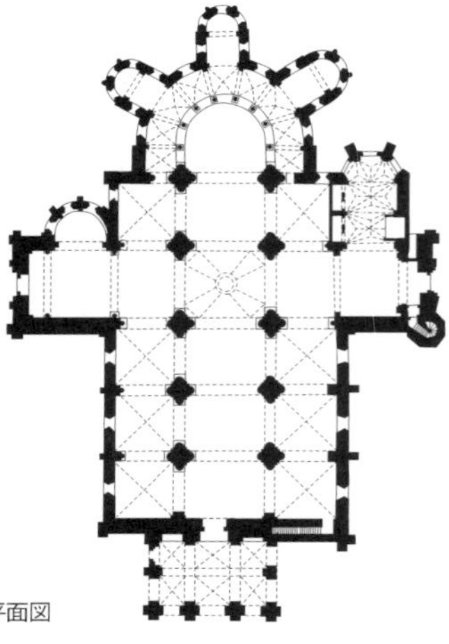

平面図

アクセス

➤ 地図 | p.023

ディジョン[6]よりN74でChagnyまで走り，D974へ。MontchaninでN70に乗り換えて一本道。町の東側河岸にある。

1 | 交差部を内陣方向に見上げる。明快な3層構成がみられ，上方に向かって光が充満してゆくグラデュエーションを表現している。

2 | 内陣回廊に放射状に配置された礼拝室を持つ巡礼式教会は，盛り上がるヴォリュームが劇的な演出をみせる。平面が小さいだけに上へのピラミッド形状が強調される。

3 | 高窓から射し込む幾条もの光が演出する輝く空間。高窓から上が浮かび上がるような上昇感を持つ。

1

2 3

Bourgogne ……………………… その他の見所

ブルゴーニュで足を伸ばすなら

比較的パリからの交通の便が良く，夕方にパリを車で出れば，食事時にはレストランに入れるくらいに気軽に訪れることができるのは，この地域の魅力であろう。ブルゴーニュ運河が流れる周囲に緩やかな丘が広がる美しい風景がいちばんの見所である。

偉大なワインの産地であり美食の中心地ブルゴーニュで，その恩恵にあずからずして旅をすることは，大きな楽しみをみすみす失う愚かな行為である。ディジョンの南40kmにあるボーヌを中心として広がる「黄金の斜面」コート・ドールはその核心部であり，ロマネ・コンティをはじめとする著名なワインを数多く生産し，周辺には試飲のできるカーヴが数多く存在する。この地域にあるシャニーのラムルワーズ，ヴェズレーの丘の麓にあるエスペランス，ソーリューのコート・ドールはいずれもミシュラン・ガイドで3つ星にランクされるレストランであり，パリと比べればリーズナブルな金額で楽しむことのできる貴重な存在である。

建築では，ボーヌに「オテル・デュー」と呼ばれる15世紀の病院建築があり，最近まで使われていた病室，礼拝堂，中庭などがあって，華麗なブルゴーニュ・ゴシックの名建築とされている。地域は異なるが，ドールから東へ30kmにあるショーの旧王立製塩所はルドゥーの計画を存分に味わえる貴重な複合施設である。

左：**Semur en Brionnais** Eglise Saint Hilaire　右：**Montceaux L'Etoile** Eglise Saints Pierre et Paul

LIST ……その他の主な教会

[Auxerre] ➤ Eglise Saint Germain

[Semur en Brionnais] ➤ Eglise Saint Hilaire

[Saint Julien de Jonzy] ➤ Eglise Saint Julien

[Perrecy les Forges] ➤ Eglise Saints Pierre et Benoît

[Châteauneuf] ➤ Eglise Saint Paul ➤ Eglise Saint Maurice

[Montceaux L'Etoile] ➤ Eglise Saints Pierre et Paul

[Gourdon] ➤ Eglise Saint Pierre

[La Charité sur Loire] ➤ Basilique Notre Dame

[Nevers] ➤ Eglise Saint Etienne

[Saint Hymetière] ➤ Eglise Saint Hymetière

[Saint Parize le Châtel] ➤ Eglise Saint Patrice

[Saint André de Bagé] ➤ Eglise Saint André

section 2
chapter 2

オーヴェルニュ地方

ビザンチン風内陣の五姉妹

2_Auvergne オーヴェルニュのロマネスク教会

オーヴェルニュ地方は山に囲まれた地理的な条件によって，中世の戦争や略奪から守られ比較的よく文化財が残っていると同時に，クレルモン公を中心とする貴族権力とラ・シェーズ・デューを中心とする修道院・教会権力がよい拮抗を保ったことによって，質の高い独特の建築文化を残すことができた稀有な地域である。ロマネスクの時代には600を数える教会が存在していたことも穏やかな地域を証言する資料となろう。フランク王国の傘下に入っても十字軍への参戦を通じて東方ビザンチン文化を引き継ぎ，熟成することに成功していることが，ここでの建築文化の大きな特徴となっている。

そうした独自性をもつオーヴェルニュの教会を語るときに最も重要なテーマは，リマーニュ地方の五姉妹(ここではそう呼ぶことにする)である。Clermont FerrandのNotre Dame de Port, Issoire, Orcival, Saint Nectaire, Saint Saturninの5つの教会は，限られた地域にほぼ同じ時代，ほぼ同じ形式で建設されており，その質と完成度の高さは独創的な光を放ち，私たちの巡礼にとって重要な基点となるだろう。五姉妹はほぼ11世紀の終わりから12世紀の中頃までに建設されているが，その原型は10世紀中頃のクレルモンに建設された大聖堂にあるとされている。司教エチエンヌ1世の命によって建築家アデレムス(Adelemus)の計画で進められたこの教会は，クレルモンの現大聖堂の下にあって現存しないが，その平面計画は復元することができる(次頁上，平面形一覧参照)。ファサードにはコンパクトなナルテックス，内陣地下にクリプトをもち，内陣周歩回廊を回し，放射状に礼拝室を突出させるという形式はほぼ姉妹教会に共通する平面的特徴であり，立面的な特徴もこの先行するモデルがもっていたと思われる。大きなアーチと3連アーチを組み合わせたナルテックス身廊側立面，身廊と側廊間の壁面構成，交差部の迫持ち(ペンデンティヴ)とドームの組合せの4周にアーチを飛ばせ，それに両翼廊側で押えるもう1つのアーチを組み合わせるという独特の意匠構成，内陣周歩回廊を特徴付ける立ち上がりの長いビザンチン風連続アーチなどが五姉妹にほぼ共通する要素である。特に交差部から内陣にかけてのビザンチン風の意匠と，ローマ時代からの伝統を引き継いだかのようなナルテックスのスケールの大きな構成による組合せこそが，姉妹教会のインテリアにおける最大の魅力であり，これはよりローマに振れているブリウドのサン・ジュリアンにも見ることができる。外観後背部には内陣の構成が正確に表現され，翼廊から鐘楼につながる壁を背景に量塊が積み重なるようにしてピラミッド状に盛り上がるという劇的な効果を発揮している。これだけ意匠が揃うということは，建設の迅速な工程が想定されるが，適切な規模と適切な資材の選択，そして何よりも十分な資金の背景があったことがその要件となろう。

姉妹教会とは別の地域の核，ル・ピュイ・アン・ヴレは地理的な条件によって決定された唯一独自の空間形式をもち，その象徴性は独特の光を放っている。教会のあるべき必須条件である象徴的な空間は，本来自然とのかかわり方の中にあるということをオーヴェルニュの教会は教えてくれる。

主要都市 | Auvergne

1	クレルモン・フェラン[CLERMONT FERRAND]
2	ル・ピュイ・アン・ヴレ[LE PUY EN VELAY]

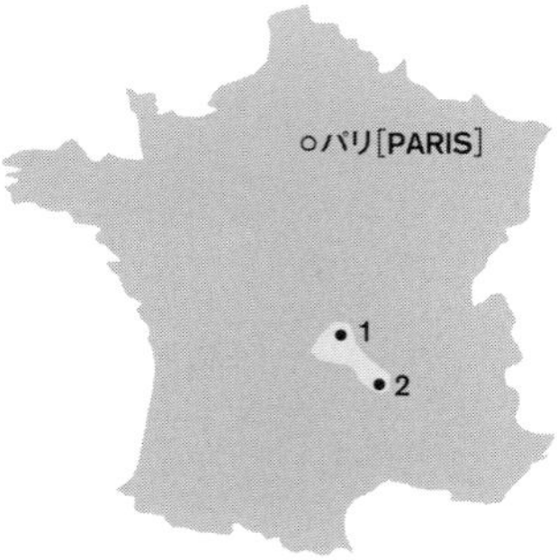

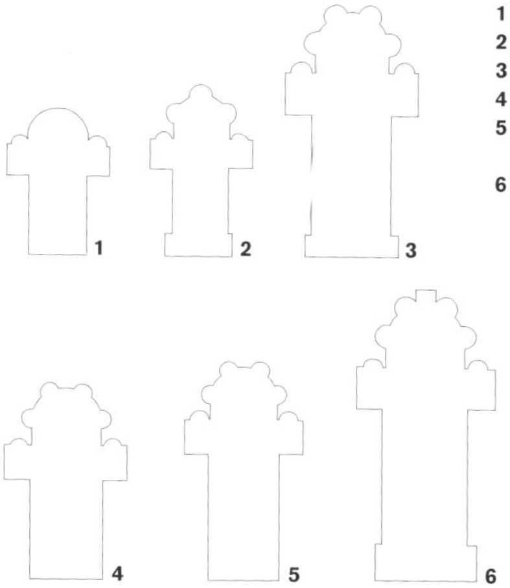

1｜クレルモン
2｜サン・サテュルナン
3｜サン・ネクテール
4｜オルシヴァル
5｜ノートルダム・デュ・ポール
（クレルモン・フェラン）
6｜イソワール

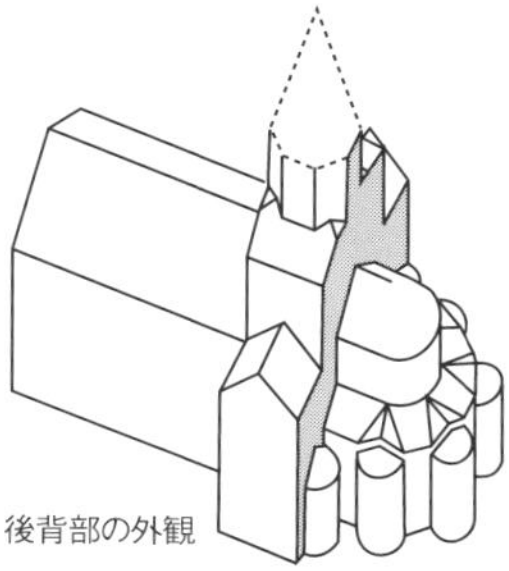

後背部の外観

route map ｜ **Auvergne**

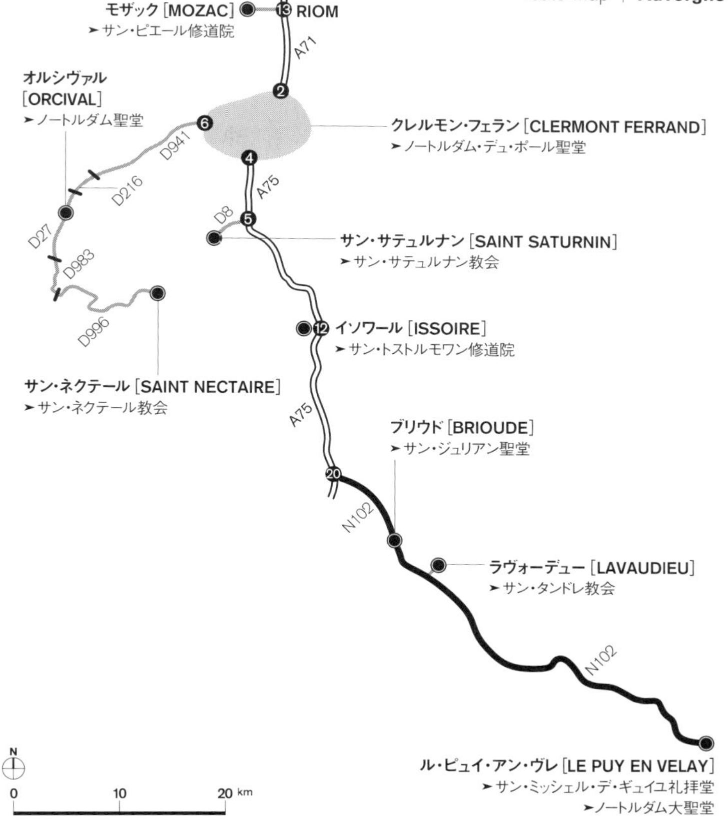

[クレルモン・フェラン] Clermont Ferrand

➤ノートルダム・デュ・ポール聖堂

Basilique Notre Dame du Port

ビザンチンの雰囲気をもつ，オーヴェルニュ五姉妹の長女。
後背部と内陣のダイナミックでアルカイックな構成に注目。

歴史

最初の教会はボローニャの聖人を祭るもので574年ころに遡るが，その後の略奪を経て，9世紀末頃にクレルモン司教エチエンヌ1世によってサント・マリー・プランシパル教会となり，1185年に新しい教会ノートルダム・デュ・ポールの建設要請が司教から出されたとされる。建設期間は諸説あってはっきりしないが，オーヴェルニュの同様式の比較から12世紀中頃から1185年頃とされ，建築様式の均質性から比較的短期間に完成されたと考えられる。

概要

名前にあるポールとは港の意。帝政時代頃，この地が近辺や山岳地帯から運ばれた農作物などの集積地であり市場だったことに由来している。モニュメンタルな大聖堂に比べると地味な立地にあり，都市の中，建物に囲まれるように建っているが，狭い街区から突然広場に開けるスケール感の変化は心地よい。

後陣中央のヴォリュームから大きく突き出した後背部の放射状に展開する礼拝室が印象的で，整った幾何形態の動きのおもしろさと美しさを見せ，ロマネスク教会のなかでも軒持送りやモザイク状模様，付柱などによって内部の構成を良く反映した傑作とされる。礼拝室の屋根はクレルモンの北に位置する自然資源豊かなヴォルヴィックの石を使った近世の修復によるもので，オリジナルとは異なるが，屋根がせり上がってゆくピラミッド状の形態は，類似する他の教会の中でも，特に劇的である。マッシフ・バルロンと呼ばれる身廊の幅の広がった肩の張出しも，後背部をしっかり支える背景として力強い。

外壁の細かいアーチは立ち上がりの高さをもち，内陣の連続アーチや側廊上部回廊のアーチも同様で，全体にビザンチン風の印象を強く与える。平面計画は黄金比と正三角形を重ねることで成立しているという分析もあるが，それが立体となったときにどのように感じられるかは，体感していただきたい。

正面の鐘楼は再建されたものである。内陣回廊の礼拝室の1つにある珍しい乳を与えるマリア像は15世紀の作品とされる。内陣にはクリプトがある。

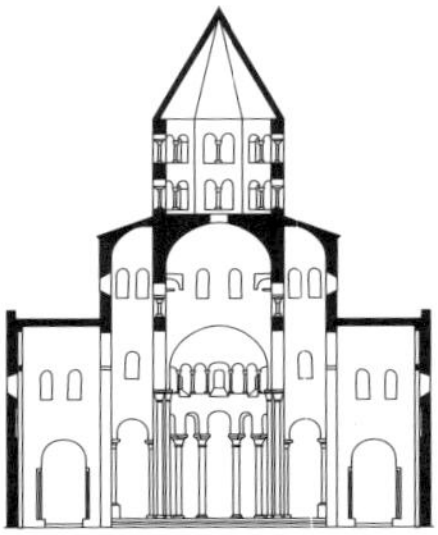

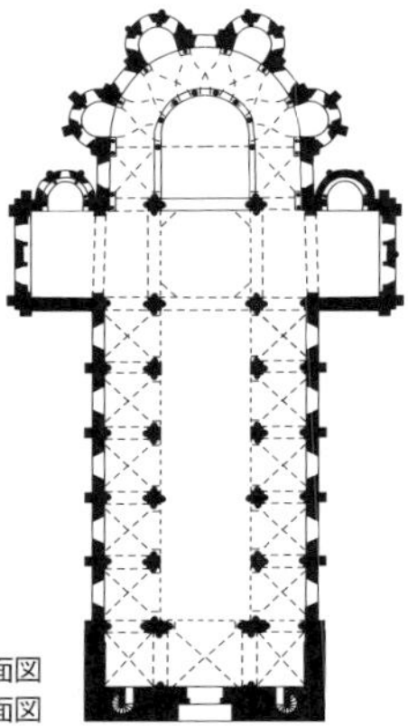

上｜断面図
下｜平面図

アクセス ➤地図｜p.051

クレルモン・フェラン市内。駅より徒歩10分。

1｜身廊からみた内陣の列柱廊。暗い内陣からみると，列柱を照らす後背部から漏れてくる光は神秘的であり求心的である。

2｜南側広場に面する側壁部分。単純な連続半円アーチの上に3連小アーチを配する2層構成。

3｜後背部の印象的なヴォリュームを形作る回廊と礼拝室の構成。

4｜内陣列柱回廊を見上げる。

1

2

3　4

[オルシヴァル]
Orcival

➤ノートルダム聖堂

Basilique Notre Dame

美しい熊の谷にある
教会を中心とした劇場空間。

歴史

オーヴェルニュ公の献金によって1146年頃から基礎工事がはじめられたが，その後シェーズ・デュー僧院の勢力がこの地にも及んだ。オーヴェルニュ公は引き続き1169年まで全5回の献金を主にシェーズ・デューへと行うことによって教会を完成させている。しかしこの地は常にオーヴェルニュ公の領土として存在し，ここでのシェーズ・デューの規模から考えて，彼らの権限は必ずしも大きくなかったと考えられる。建設当初から巡礼の基点として著名であった。

概要

地名の起源が「熊の谷」であるように，谷に囲まれ，自然に抱かれるような立地の美しい環境にまず目を奪われる。ピクチャレスクな谷あいの小村の光景とともに，信じられないようなスケールの教会が谷間から突然現れる驚きは新鮮である。山の緑を背景にする教会と後背部を囲むような広場が傾斜地に展開していることで，取り囲む集落とともに作り出された空間に微妙な動きと緊張感が生み出されている。教会広場は一種の劇場空間なのである。
内部は質素な表現で，自然の幽玄とも言うべき山間部特有の外部の雰囲気がそのまま内側に取り込まれていると同時に，オーヴェルニュの定型となった巡礼形式の聖なる空間が演出されている。ナルテックスの大きく単純なアーチによる構成はローマ建築のようなスケール感をもち，強烈なヴォリュームによる迫力を表現している。内部に物語彫刻が少ないなかで「Fol Dives」と呼ばれる物語が彫られた唯一の柱頭は，鞄を首からかけた高利貸が2匹の悪魔に引っ張られているというオーヴェルニュ独特のイコンである。安置されたキリストを抱く聖母像は12世紀のものである。
5月（年によって期日が異なるので注意）の昇天祭はこの村の最も大きな祭りであり，季節が合えば訪れたい。広場の周辺にはカフェテリアやホテルがある。広場に立ちあがる教会を眺めながら，ゆっくりとかつての巡礼に思いを馳せてみてはどうだろうか。

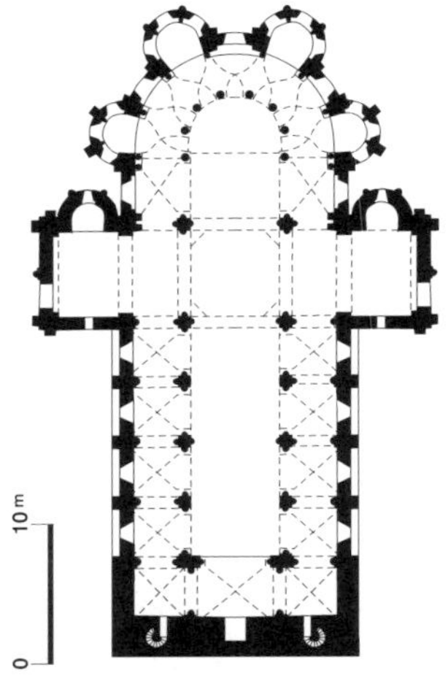

平面図

アクセス ➤**地図**｜p.**051**

クレルモン・フェラン南西，約20km。クレルモン・フェランよりD941-Aに乗る。町を出てすぐにD941-AとD941-Bに分かれるので注意。約10kmでD216に乗り，4kmでD27へ。D941-AとD216の交差点にオルシヴァルのサインあり。聖堂は町の中心にあり，町の入口の高台より聖堂が目に入る。

1｜山間路のアプローチからみるオルシヴァル村。建築と自然が美しく溶け合う瞬間を見ることができる。
2｜入口扉のアイアン・ワーク
3｜後背部からの光に浮かび上がる内陣回廊。中央には聖母子の彫像。
4｜広場側に見せる後背部の構成。オーヴェルニュ地方の教会のほぼ同じ空間構成の後背部も，それぞれディテールが異なり，オルシヴァルは周歩回廊と礼拝室の屋根が平滑に連続するのが特徴。

1

2　3

4

[サン・ネクテール] Saint Nectaire

➤サン・ネクテール教会

Eglise Saint Nectaire

丘の上の宝物。
自然と融合したコンパクトな教会。

歴史

ギリシャ出身の聖ネクテールはオストルモワンとともに初期布教活動(250年頃)をしていたが，死後コルナドール山に埋葬された。その名をとってこの教会が建設されたが，文献に登場するのは1146年から1178年の間にシェーズ・デューがオーヴェルニュ公からの献金を受けてこの地に修道院を建設したという記録である。

概要

サン・ネクテールは麓の町と丘の町に分かれている。麓は温泉町であり，丘の町の最上部は教会がそびえる見晴らしのきく展望台となっている。

立地を最大限に生かし，絶妙な自然との調和によって，オーヴェルニュの五姉妹の1つであるこの小さな教会が魔法のように偉大に感じられる。長さと高さの比例や，ナルテックスのコンパクトな2本の塔と交差部鐘楼，後背部の放射状礼拝室からなる簡潔で計算された美しい意匠構成は，完成度のきわめて高い表現を獲得し，さながら一種の厨子を見るようである。ここには地上の世界から天に上る象徴的な空間が用意されている。アプローチの山道を昇りつめると教会を回り込むように正面に導かれ，その先には豊かなオーヴェルニュの自然が広がる。楽園は地上に用意されているのである。

内陣回廊にある柱頭の4面それぞれに，キリストにまつわる聖書物語が彫られている。密度の高い民族的な風合の彫刻である。内陣の柱頭に表現されているラヌルフォという人物は，多額の献金をしたためここに飾られたとする説もあるが，確実ではない。ネクテールの同僚，聖ボーディームの彫像の他に一時急激に普及したキリストを抱く聖母像があり，コルナドール山の聖母と名づけられている。

拝観は4月の謝肉祭から10月15日までなので注意のこと。丘の上にもホテルはあるが，麓の湯治場に泊まって教会に通うのも一興かもしれない。楽園を味わってほしい。

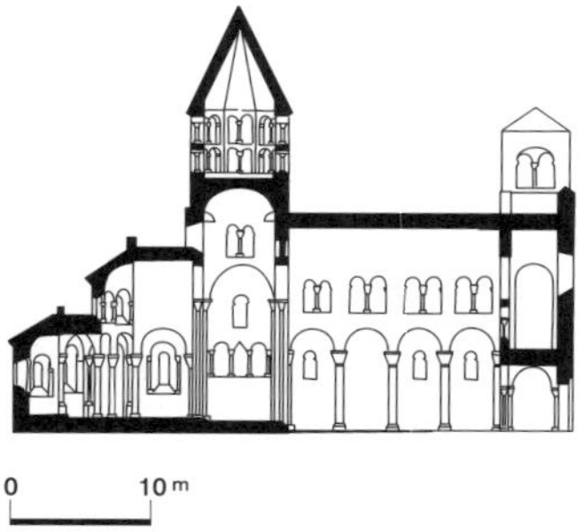

断面図

アクセス

➤ 地図 | p.051

オルシヴァルよりD27を直進し，途中でD983に合流。Le Mont Doreの手前でD996に乗り換えた後は，すばらしい風景が続く高原の道を約30分。町の高台に建っている。

1 | 展望の開けた棚状の小広場に建つ。どの角度から見ても，自然を背景に美しい姿を見せる。

2 | 教会周辺の集落から丘をさらに昇ると，別の角度からの厨子のような姿を見ることができる。

3 | 後背部のディテール。完成された手法の確実な収まり。

1

2 3

[サン・サテュルナン]
Saint Saturnin

➤サン・サテュルナン教会

Eglise Saint Saturnin

オーヴェルニュの五姉妹の末妹。
穏やかな丘の上に様式の完結を見る。

歴史

1040年頃，クリュニーの僧オディロン・デ・メルクールがこの地に修道院を開いたとされているが，1157年にクレルモンの司教がこの地に教会を建てさせている記録がある。その後1284年に，イソワールのベネディクト派の僧たちがこの地の修道院を取得しているとされる。

概要

オーヴェルニュ地方ではオルシヴァルとともに革命時代を無傷で経過した数少ない教会の1つで，類似した教会が再建するための模範として機能した。ノートルダム・デュ・ポールやサン・ネクテールと同じ構成に属するが，ここではナルテックスと放射状に展開する礼拝室がなく，物語で飾られる柱頭彫刻や後背部のモザイク飾りが少ない。
中世に起源をもつ丘上の集落の先端にあり，その立地条件や経済的な理由から十分な長さが得られていないが，逆に簡素で完成された表現は，調和の取れた厳格さを見せている。特に鐘楼へと上っていくヴォリュームの連続感が感動的。
内部もまた飾りの少ない誠実な構成で，姉妹関係にある教会の中でも最後に建築されていることから完成度が高く，スケールが小さいことで相対的に壁の彫塑性が強調され力強さも増している。特に側廊2階アーチの奥深さに，線のシャープさとヴォリュームの重たさが感じられる。クリプトはほとんど削り出しに近く，質素で荒々しい小さな空間に初源的な象徴性を見いだせる。
教会の東西にある展望の開けるテラスからは，穏やかに広がる谷が見わたせ，平和な環境を堪能できる。後背部背後に建っているサント・マドレーヌ礼拝堂は11世紀のものとされる。村にはラ・トゥール家の居城がある。同時に見ておきたい。（ただし冬季は閉鎖。）

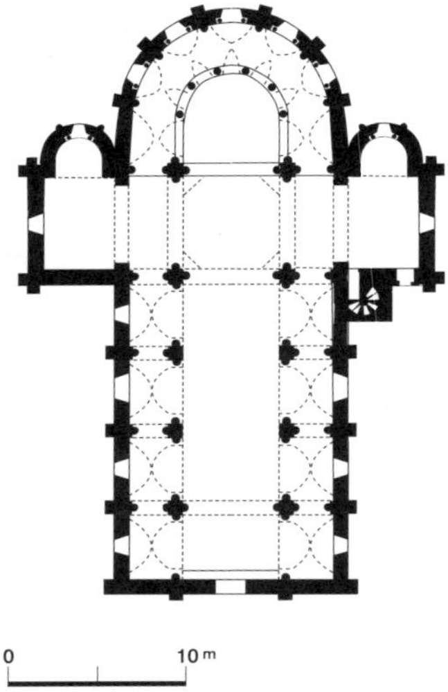

平面図

アクセス

➤ 地図 | p.051

クレルモン・フェラン[4]より高速A75に乗り，出口5で下りる。D213, D795, D8と乗り継いで約30分。

1 | シンプルなアーチに落ちる光線はエッジを美しく演出する。姉妹教会の中でも最もマッスの奥行きを感じさせ，壁面構成を彫塑的に見せる。
2 | アプローチは後背部を回り込み，北側に面する村の最上部の小さな広場に出る。教会の見せ場を端的に表現するアプローチとなっている。
3 | 内陣列柱は後背部の開口部から入る光に背後から照らされる。姉妹教会の中では最もシンプル。

1

2　3

[イソワール] Issoire

➤サン・トストルモワン修道院教会

Ancienne Abbatiale Saint Austremoine

五姉妹最大の教会。
美しい後背部構成の完成。

歴史

オストルモワンはオーヴェルニュ地方で布教活動をした最初の聖人たちの1人で，3世紀にイソワールで殉教している。遺骨はその後ヴォルヴィック，そしてモザックへと移された。通説ではその頃からあったとされる僧院は10世紀にポワトー地方の修道士によって改修され，オストルモワンの首がもたらされたともいわれているが，12世紀終わりに現在の教会が成立し，モザックから経由してきたオストルモワンの遺骨がこのとき運ばれたという説が有力である。

概要

この修道院は，かつては中庭をもつ一団の建築群だったが，中庭が広場となり，周囲に間延びした空地が残されてしまった現在の佇まいは都市的環境として見事とは言えない。しかし，そのために後背部が広場に完全に露出し，美しいモザイク飾りや礼拝室群から量感豊かに立ち上がる建築構成をすっきり鑑賞することができる。
放射状に5つの礼拝室が配され，左右翼廊の長方形平面に2つの礼拝室（うち1つは後補）が平行に配されるという複雑なオーヴェルニュ式古典的教会が完全な形で残された貴重な例であり，その完成度は姉妹教会の中でも最も高い。完全過ぎるくらいに修復がなされているために，内外とも美しく整い，内陣のビザンチン風の壁画と装飾は本来の意匠を体験できる貴重な存在である。
入口の壁画は15世紀のものである。重く退屈なナルテックスは19世紀に追加され，交差部の八角形鐘楼は2層分が19世紀に改造されている。ほとんどオリジナルのままのクリプトには，聖オストルモワンの遺骨を納める13世紀のエナメル装飾が施された小箱が安置されている。
イソワールはまとまりのある比較的大きな都市だが，巡礼地としては雰囲気に乏しく，宿泊するほどの魅力はないかもしれない。

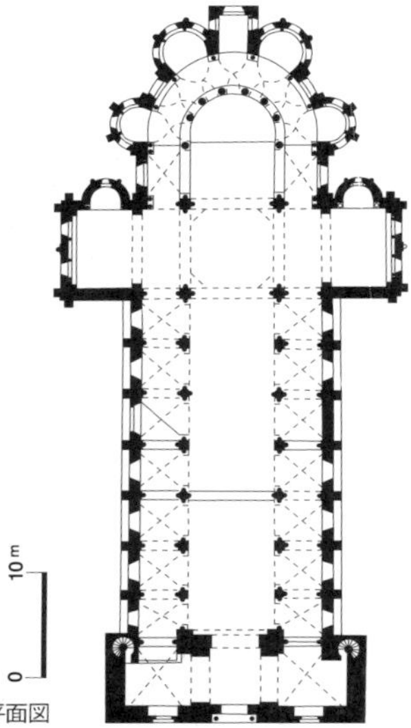

平面図

アクセス

➤地図 | p.051

クレルモン・フェラン[4]より高速A75を南下。出口12で下りる。そこからイソワールの町の中心部へ約5分。鉄道の駅からは駅前通り正面にあるのですぐ分かる。

1 | マッシフ・バルロンが立ち上がる交差部のヴォリューム。本来この南側は中庭に面しており，連続していた構造は修復によって単独の教会のように完結させられることとなった。

2 | 姉妹教会では最も繊細で最も複雑な装飾的ディテールを持つ後背部。計算された完成度の高い構成。

1

2

3

3｜修復によって鮮やかな色彩に飾られた内陣列柱回廊。彩色は19世紀のもの。

4｜彩色はかなり自由闊達で, 攻撃的。

5｜内陣の柱頭は4本の柱にキリストを題材とした彫刻が配されている。

6｜キリストの聖書物語を描く柱頭彫刻の詳細。柱頭まで彩色が施されている。

4

5 6

[ブリウド] Brioude

➤サン・ジュリアン聖堂

Basilique Saint Julien

雄大なローマ建築の香り。
オーヴェルニュ五姉妹との混成系。

歴史

アルヴェルニ族(オーヴェルニュという地名の起源)出身の皇帝アヴィトゥスはローマ略奪の犠牲として非業の死を遂げ, 456年にこの地へ埋葬された。この頃よりヴィエンヌ地方出身である聖ジュリアンの遺骨を起源とし, 巡礼の対象になっていた聖堂があったことは知られているが, 現在の教会は900年頃からあった教会の上に1060年より建設がはじまったもので, 1259年に屋根がかかり, 完成は14世紀とされる。

概要

ブリウドの町は2重の周回道路を持っているが, 外郭は中世の防護壁を表現する城壁都市であった。オーヴェルニュ地方最大のロマネスク教会は, この小さな町の中心に, 古い街区に組み込まれて建っている。
道幅の狭いメインストリートの突き当たりに, ローマ建築風の大アーチと彫刻で飾られる豪壮な南面入口がそびえている。この象徴的なスケール対比が, 内部空間をことさら巨大なものに印象づける。こののびやかで大きく明るい内部空間を体感したい。床はアリエール川のさまざまな色の玉石を埋め込んで模様を描いた土間で, その強い不陸と褐色や赤い砂岩の壁が凄みを見せている。
最も初期に作られたナルテックスは, 大アーチを組み合わせ, 力強く迫力ある構成で, さながらローマの公共建築のスケール感をほうふつとさせる。
後背部の放射状に配された礼拝室は, 先行して独自の形式で建設がはじまっていたにもかかわらず, 同じ地域に建てられていた他の教会の様式に影響を受けたのではないだろうか。少々戯画的な13世紀の壁画は, 民俗的な色合いが濃く中世の雰囲気が感じられ, 時代の異なる内陣天井壁画はビザンチンの雰囲気を伝えている。
この教会は, ローマ風の構成にはじまり, ビザンチン風の雰囲気を交錯させながらオーヴェルニュ風に完成した混成系としてみると興味深い。その総体としての姿からは古典的なのどかな落ち着きが感じられる。町にはいくつかの中世起源の建物が散在する。ゆっくり散策してみるのも良い。

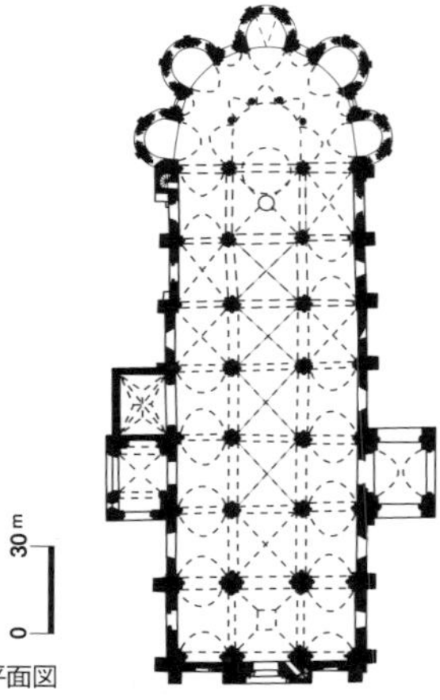

平面図

アクセス ➤ **地図** | p.**051**

クレルモン・フェラン[4]より高速A75を南下, 出口20で下りて, N102に乗る。約15kmでブリウドに着く

1 | 内陣フレスコ画。

2 | 2重に取り巻く城壁の中心に位置した中世の街割りは現在も確認できる。街路から見る教会のスケール感が見所となる。教会周辺にはいくつかの中世起源の建物が残っている。

3 | 内陣柱頭彫刻。

1

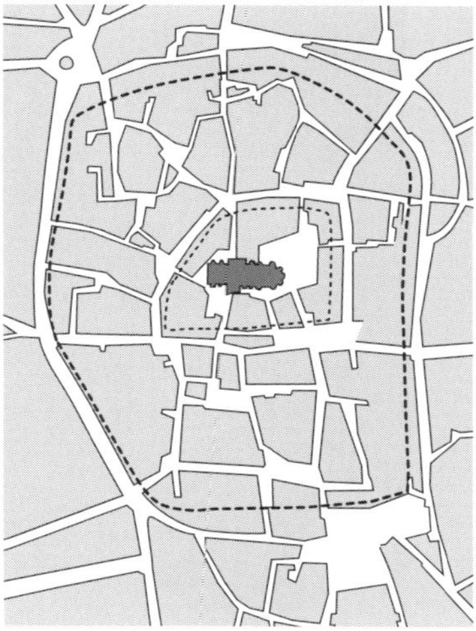

2　3

4

4｜大きくおおらかなアーチと丸窓による身廊構成。巨大なスケール感はさながらローマの公共建築をほうふつとさせる。

5｜南側入口。巨大なアーチを架ける都市的なスケールと入口の小さなスケールを組み合わせた迫力のある構成。

6｜最も古いと思われるナルテックスの半円アーチから身廊を見る。ナルテックスとトリビューンの2層にわたる巨大アーチの迫力は圧巻。

7｜内陣の柱頭彫刻。

5

6

7

[ラヴォーデュー] Lavaudieu

➤サン・タンドレ教会

Eglise Saint André

**女子修道院の穏やかな中庭と
ビザンチン風フレスコ画。**

歴史

35km離れた地にベネディクト派の修道院シェーズ・デュー(La Chaise Dieu)が聖ロベールによって1043年に開設された。シェーズ・デューからラオウル・ド・リュジェアックがこの地に移り，サン・タンドレという小さな教会を設立，それがそのままシェーズ・デューの女子修道院として発展したのは1050年代のことである。当時は村の教会サン・タンドレに切れ込む谷，Comps コンプの地名をとってSaint André de Comps と呼ばれていたが，神の谷(Vallis Dei, Vau Dieu)からLa Vaudieu に改変されたのは修道士の要望からで，1487年のことである。

概要

丘の上に小さくまとまる集落の入口に赤褐色の印象的な塔がそびえる教会。塔頂部の破壊はモニュメントとして残念だが，修道院を中心とする村落を遠くからでもはっきりと確認することができる。静かな広場に佇むと，広々とした丘の上の空気を感じる。
ヴォールト天井をもつ1身廊の北側にもう1つリブヴォールト天井の廊下が追加された教会は，外壁も内部も断片的なフレスコ画以外あまり見るべきところはないが，見事な参事会室の湿式フレスコ画「最後の審判」と回廊中庭は130年間放置された後に修復を加えられ，整ったビザンチン式の美しさを取り戻している。中庭では2階の木製軸組が田舎ののどかさと柔らかさを感じさせると同時に，1階と2階の重さの対比を心地よく見せ，開放感と明るさを表現している。柱頭飾りもユニークなものがあり，リュクシュール(de la Luxure)と呼ばれる動物のものは有名。
回廊中庭の拝観季節は6月15日から9月16日と決められているが，季節外でも管理人との交渉で見られることもある。村は小さいのでのんびり一周し，ガラス工房やきれいに整った居心地の良い喫茶店に立ち寄るのも良いだろう。

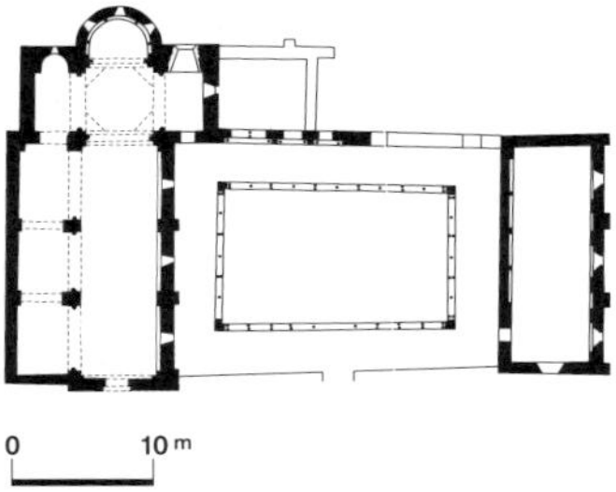

平面図

アクセス ➤ 地図 | p.051

ブリウドよりN102をル・ピュイ・アン・ヴレ方向へ約8km走ると左側にラヴォーデューLavaudieu左折の案内板あり。ただしブリウド方向からは鋭角に曲がるために案内板を見落としやすいので注意。

1 | 小さな丘の頂部に位置し，アプローチから褐色の塔が目印となる。

2 | 中庭回廊。1層は1本と2本の柱が交互に連なる列柱で構成され，2層は一転して木柱に軽い屋根が載せられている。右にはフレスコ画のある参事会室。

3 | 参事会室入口。

4 | 小さな村の中心に位置し広場に面しているが，村のどこにいても鐘楼がその存在を主張している。

1

2

3　4

5

5｜参事会室壁画。上段に「最後の審判」下段に聖母と天使を中心に左右に12使徒が描かれる。

6｜教会南側壁の壁画。「盲目の死」と呼ばれる主題が描かれている。あまり保存状態はよくない。

7｜正面破風には十字架のキリストを中心とし，聖人たちを配する壁画。天井も断片的な天井画が復元的考察によって描かれている。

6

7

[ル・ピュイ・アン・ヴレ]
Le Puy en Velay

➤サン・ミッシェル・デ・ギュイユ礼拝堂
Chapelle Saint Michel d'Aiguilhe

征服欲をそそる
奇岩にそびえ建つ異様な構築物。

概要

大聖堂の首席参事であったトゥルアヌスによって952年に開かれたこの礼拝堂は，中世を通じて巡礼の目的地とされてきた。町の外周に独立して聳える80mの岩峰頂部にあり，268段の急峻な階段をたどって巻き上がるように玄関へと向かう。内陣ヴォールトの壁画は10世紀から14世紀のもの。祭壇には宝物が埋め込まれている。
このように異様な構築物は他に類を見ない。ぜひ自分の足で体験すること。
現在は美術館の扱いで維持されており，入場時間は下記のように制限されているので要注意。
近くの岩頭には19世紀に建造されたノートルダム・ド・フランスと称する真っ赤な趣味の悪い聖母彫刻がそびえている。

2/1——3/14　14:00—16:00
3/15——3/31　10:00—12:00, 14:00—17:00
4/1——5/31　10:00—12:00, 14:00—18:00
6/1——6/14　9:00—12:00, 14:00—19:00
6/15——9/15　9:00—19:00
9/16—11/12　9:30—12:00, 14:00—17:30
クリスマスのヴァカンス期間は14:00—16:00（12/25, 1/1を除く）拝観可

1

アクセス ➤ 地図 | p.051

クレルモン・フェラン[4]より高速A75を南下，出口20でN102に乗り換えて約2時間。町の外周道路を回ると，ひときわめだつ岩峰なのですぐ分かる。

1 | 後陣およびヴォールトの迫り元を飾る「天上の王宮」の壁画。
2 | 針峰の頂部に位置する教会。異様なまでにスペクタクルな景観。まさに昇天の象徴的な表現と言えよう。
3 | 内陣周歩回廊のヴォールト天上の連続。
4 | 内陣周歩回廊から入り組んだヴォールト天上がうかがえる。

2

3 4

[ル・ピュイ・アン・ヴレ] Le Puy en Velay ➤ノートルダム大聖堂 Cathédrale Notre Dame

火山岩に包まれた丘の頂上に君臨するカテドラル。
中世巡礼の出発点。

歴史

最初の教会建設は5世紀初頭で，現在の教会では中心部分の24mの長さに相当する部分に過ぎなかったが，その後コンポステーラへの巡礼の出発点として見なされるようになると少しずつ拡大され，12世紀ころにはほぼ現在の規模まで拡大された。現在の姿は第3スパンと第4スパンがほぼオリジナルである以外は，19世紀の再建に近い修復によるものである。

概要

奇岩がそこここに突出する起伏の激しい地勢を生かしたモニュメンタルで劇的な配置。
中世の都市構成をよく残した街区から直線的な大階段の正面にそびえる凄みを帯びた装飾的なファサードは，硬質な巨大さを見せつけている。その壁面は，高低差を計算し，また参道からの視覚上の「けられ」を意図的に強調するように，下が長く上が短い構成になっていて，上り詰めて間近に見たときにはまったく別の印象を与えるほどである。この効果を最大限に生かすことが計画の前提であったことは，そのまま直進すると聖堂の4スパンめに飛び込んでしまうという驚くべき仕掛けを見ることで理解できる。
教会内部は一般的なロマネスクの印象とはかけ離れ，ペンデンティヴの上にのるドームが連続する圧倒的なスケールを見せつける姿勢に終始しているが，左翼廊の奥にかろうじてビザンチンの雰囲気をとどめる小礼拝室が異彩を放つ。
回廊中庭はオリジナルがよく改修され，アーチが連なる重たいビザンチン風あるいはアラブ風の回廊であり，階段を上り詰めたナルテックスから左に上ると直接アクセスできるという空間配置になっている。鐘楼の上昇感を与える意匠構成は独特で，教会背後に独立するように配置されていることからも，与えられた重要性と独自性は明らかである。
中庭を含めた背後にある美術館や礼拝堂などの施設は冬季になると昼休みをとるので注意。
黒いマリア像は聖ルイが1257年の第7次十字軍から帰国してもたらしたものであったが焼失し，現在の像は革命後の二代目である。中世都市を楽しむためにもできれば一泊して地域の石で統一された町の硬さや居心地を確認したい。なお8月15日には聖母昇天祭がある。

断面図

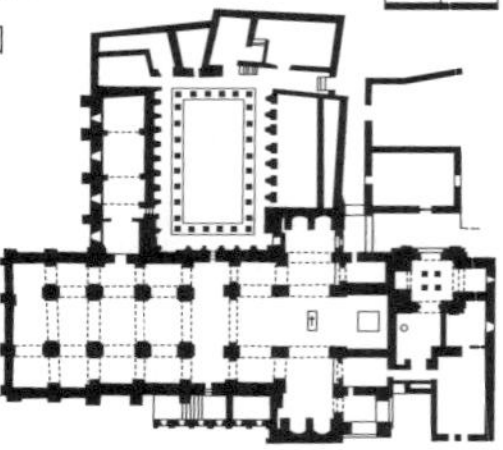
平面図

アクセス ➤地図 | p.051

クレルモン・フェラン[4]より高速A75を南下，出口20でN102に乗り換えて約2時間。

1 | 急峻な坂道の最上部に位置する大聖堂。後背部に独立して存在する鐘楼がひときわ高く立ち上がっているが，丘の下部から見上げると高さがなければ確認できないことが了解できる。
2 | 中庭には縞模様の多重アーチというアラブ風意匠が混入している。多重アーチによる石の量塊が一種の重たい凄みを与えている。
3 | 大聖堂に沿う南列柱にある柱頭部分の彫刻詳細。11世紀に作られ，中庭でも最も古い部分と考えられる。
4 | 西側列柱詳細。

1

2

3　4

Auvergne ……………………… その他の見所

オーヴェルニュで足を伸ばすなら

オーヴェルニュの最大の魅力は，緑豊かで穏やかな自然と構築物との対比に見られる美しさであり，広々と展開する牧場から得られる農作物，乳製品の質の高さにある。巡礼地としての教会以外にいわゆる観光地として人気のある場所はあまりなく，はっきり言って山に囲まれた何もない田舎なのだ。オーヴェルニュに行ったら何もない田舎に行こう。素朴な郷土料理ブーダン(豚の血のソーセージ)やアリゴ(ジャガイモとチーズの練りもの)，土地のチーズを直売農家で買って食べよう。そして美しい丘陵地と牧場を駆け抜けてみよう，それがここでロマネスク教会を巡る楽しみである。ただしオーヴェルニュにはここに紹介した以外にも多くの美しいロマネスク教会が存在している。参考までにその一部をリストアップしたので参照されたい。

Mozac Abbatiale Saint Pierre

LIST ……その他の主な教会

[Blesle] ➤ Ancienn Collegiale Saint Pierre

[Brageac] ➤ Eglise Notre Dame de l'Assomption

[Chanteuges] ➤ Eglise Saint Marcellin

[Chatelmontagne] ➤ Ancienne Priorale Notre Dame

[Cognat] ➤ Eglise Sainte Radegonde

[Ebreuil] ➤ Ancienne Abbatiale Saint Leger

[Ennezat] ➤ Eglise Saint Victor et Saint Couronne

[Mauriac] ➤ Basilique Notre Dame des Miracles

[Mozac] ➤ Abbatiale Saint Pierre

[Mozat] ➤ Eglise Abbatiale de Mozat

[Neuilly en Donjon] ➤ Eglise Sainte Madeleine

[Saint Desire] ➤ Eglise Saint Desire

[Veauce] ➤ Eglise Saint Croix

[Ydes] ➤ Eglise Saint Georges

section 2
chapter 3

プロヴァンス地方

プロヴァンスのシトー派三姉妹

3_Provence | プロヴァンス地方のロマネスク教会

プロヴァンスはフランスで最もローマ帝国に深く染まった地域であり，471年の西ゴート族によるアルル侵攻で滅亡しても，その文化的な広がりはその後に大きな影響を残している。その後3世紀に及ぶ異教徒の支配やイスラム教徒の洗礼を受けた後に，739年シャルルル・マルテルの制圧によってフランク王国の影響下に入ったが，周縁の地域は混乱が絶えず，843年のブルゴーニュ公国への併合の後にも多くの民族の略奪を受け，ようやく政情が安定したのはクリュニーの聖マユルとアルル公爵ギヨームによる制圧・統一であった。その後も権力争いによって地域が分割されることはあっても，経済的な興隆が地域全体を活性化し，巡礼の経済的な効果も地域を大きく潤し，ベネディクト派の修道院は飛躍的に規模を拡大している。その中心地は巡礼路の出発点とされたサン・ジルとアルルであった。

オリーブ畑と赤い岩肌による印象的な景観がプロヴァンスの自然であるが，そうした背景の基調となる独特の明るい光のなかに，簡潔な平面と量塊のハーモニー，ヴォリュームの絶妙な配分や洗練された石づかいによって自然との調和を果たしている建築がここでの特徴である。こうした建築はサン・ギレームのように初期ロマネスク教会というカテゴリーに入れられるものもあるが，むしろローマの建築に直接の起源を求められるものが多いと考えるのは，円形劇場や水道橋が今でも散在する地中海ローマの環境にあっては自然かもしれない。建設当初のアルルやサン・マルタン・ド・ロンドル，モンマジュールなどは，その平面的な半円の内陣や立体的な半円アーチなどを基本とするローマ的な要素が特に見いだせる好例であり，サン・ガブリエル礼拝堂のようにルネッサンスのようなローマ風の神殿は，正当なる地域性を表現した建築として位置づけることができるだろう。

一方ではル・トロネ，シルヴァカヌ，セナンクといった，巡礼に縁のないシトー派の代表的な建築も山の中に潜むように存在する。その簡潔で彫塑的な表現は，プロヴァンス独特の強烈な光と影のコントラストを印象的・媒介的に表現している。特にル・トロネの回廊はル・コルビュジエ

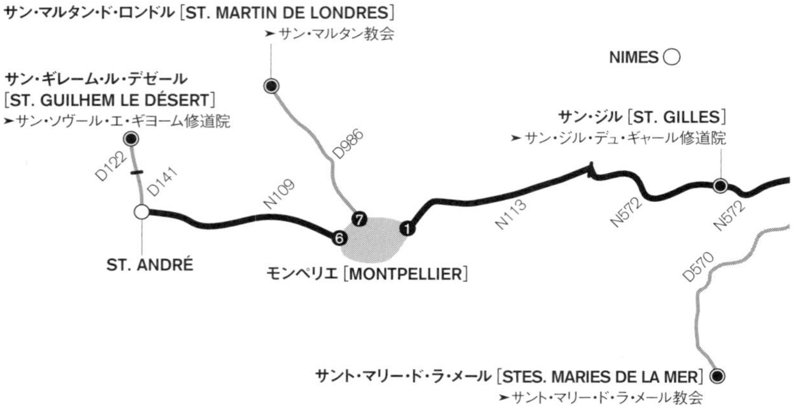

をはじめとして，数多くの建築家に影響を与えた建築として特異な存在であり，現在では建築家の巡礼地となっている。

自然と構築物の幾何学的マッスとの間のコントラストが生む存在感とそこに作り出される陰影のコントラストが感動的な空間を見せるプロヴァンスの建築は，建築本来の姿を素直に見せてくれると同時に，石の建築の極限を見せつけてくれるようであり，建築全体が彫刻的な存在となっているのである。

主要都市｜Provence

1 アヴィニョン［AVIGNON］

2 アルル［ARLES］

3 モンペリエ［MONTPELLIER］

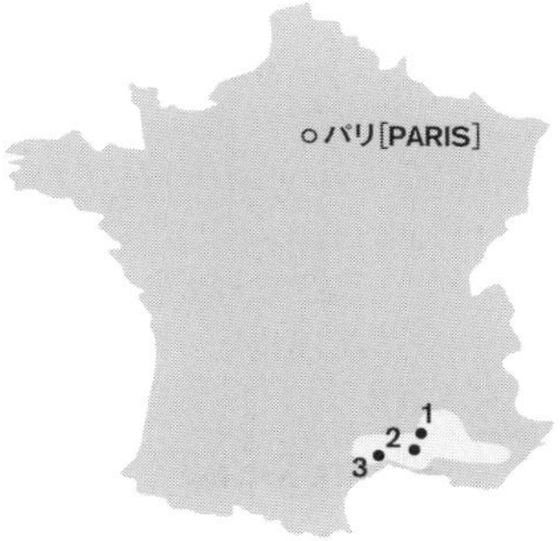

route map | **Provence**

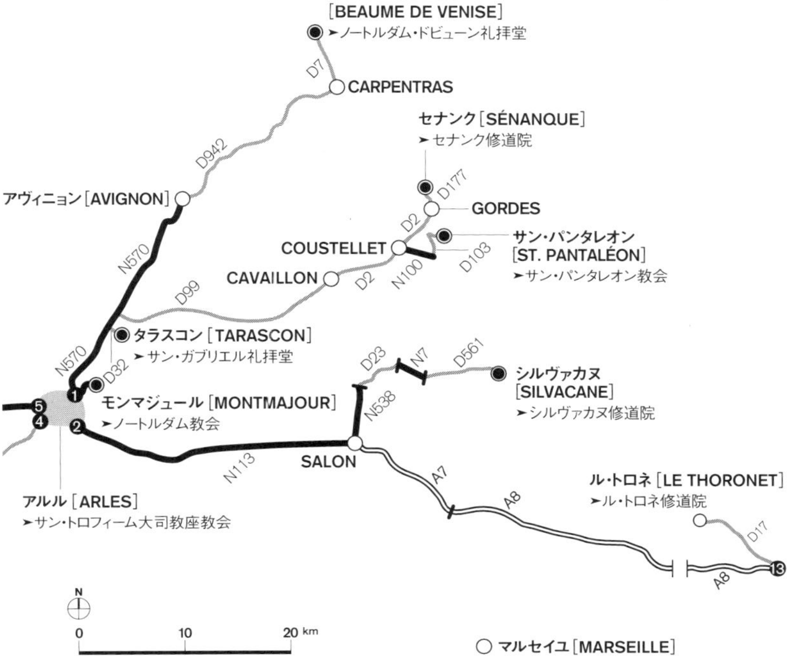

[アルル]
Arles

➤サン・トロフィーム大司教座教会

Ancienne Primatiale Saint Trophime

**プロヴァンス・ロマネスク文化の
中心となる作品**

歴史

聖トロフィームは小アジアのエフェソス生まれで，聖ペテロのもとで修行し，聖ペテロがローマで磔となるとガリアへと伝道に向かった。紀元46年にアルルに到着し，当初は現在のモンマジュールに修行の場を求めたが，その後聖エチエンヌの遺物とともにアルルに入った。そのころ小さな司教館を建てたとされている。彼はその後も生地に戻り，聖パウロと合流して布教活動を続けたとされている。最初に建築の記録があるのは254年，その後5世紀に聖エチエンヌの遺物によってサン・テチエンヌ聖堂と呼ばれていたようだが，972年よりサン・トロフィームと連名で呼ばれるようになり，12世紀はじめになってサン・トロフィーム聖堂となったのである。
1078年から長期にわたる建築工事がはじまり，1152年に聖トロフィームの遺物がクリプトに奉納された。当時の教会は第5スパンめで段差があり，クリプトが半分のレベル差でつながるというサント・マリー・ド・ラ・メールに似た構成だったが，12世紀末に西ファサードの彫刻がつくられると，教会前で階段を上る構成を優先し，全体の床レベルが持ち上げられることとなった。

概要

後陣は本来3つの半円礼拝室が並んでいるシンプルな構成であり，ゴシック時代に改造されている。
内部空間で印象的なのは，幅の狭い側廊にかかる印象的なアーチが強烈なパースペクティヴをつくっている部分である。
最も注目すべき部分は入口まわりの彫刻と中庭，ロマネスクらしい造形感覚の鐘楼などである。入口の彫刻は他の地域にみられる中世のナイーブな表現とは無縁の，ローマ時代の彫刻の伝統を集積させたかのような写実的で解剖学的に正確な表現で一群の彫刻をまとめ上げている。洗練された優雅で美しい中庭は北側の回廊が最も古い部分であり，後にモンマジュールにも影響を与えている。初期キリスト教時代の棺桶，ロマネスクの象牙の角笛や十字架がある。

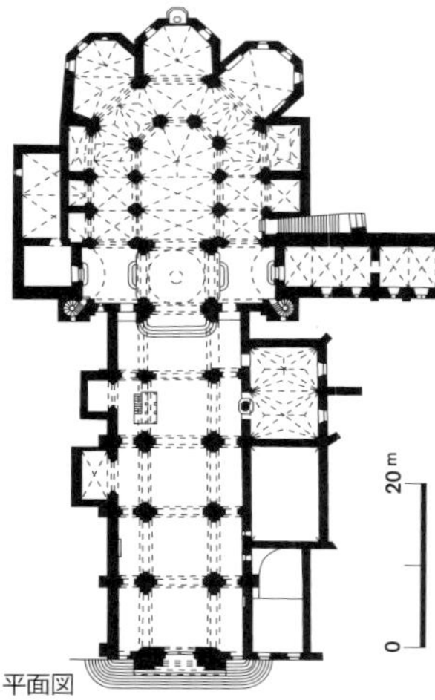

平面図

アクセス ➤ **地図** | p.**079**

Nimesより南東へ31km。アルル市内にある。

1 | 中央タンパン彫刻。中央に栄光のキリストと4福音聖人，アーキヴォルトに天使たち，まぐさに12使徒が描かれている。

2 | 門の両側壁にはローマ風の表現による多くの聖人たちの彫刻が配されている。

3 | 中庭には広場に面した別の南側門を入る。古代ローマ風の彫刻が配された必見の美しい中庭。

4 | ファサード左側角の彫刻。右より聖ペテロ，聖ヨハネ，聖トロフィーム。

1

2

3 4

[サン・ジル]
Saint Gilles

➤サン・ジル・デュ・ギャール修道院

Ancienne Abbatiale Saint Gilles du Gard

古代ローマの影響が強い
強烈なイコン群による巨大ファサード。

歴史

7世紀に起源をもつサン・ピエール・エ・ポール修道院が，9世紀に地元の聖人，聖ジルの遺骨を手に入れ，彼の墓を設置して改名した。サン・ジルとなったことで教皇の支持を得，サン・シエージュの保護下に入り巡礼者を引きつけるようになる。1066年，ニーム・ナルボンヌ伯爵夫人によるクリュニーへの権利譲渡によって，修道僧の反発などの混乱が起きたが，1077年グレゴワール7世の2修道院統合声明によって決着がついた。しかしサン・ジルはモワサックやヴェズレーと同様に独自に修道院長を選任し続け，教皇やフランス王などからの保護と自由を獲得することによって，11世紀終わりにその勢力は最高潮を迎えた。1096年の教皇ウルバヌス2世来訪の際に新祭壇の献納式が行われていることから，この時点でかなりの施設が完成していたと考えられる。トゥールーズ伯爵との権力争いから一時工事は中断していたが，南側バットレスに刻まれた記録によると1116年にほとんど竣工したと思われる。その後，巡礼路の重要な出発点として栄え，12世紀中頃には街に135の両替屋があったと記録されている。建築がどのような状況にあったかは明確には分からないが，15世紀まで少しずつ造営が進んでいたとされる。巡礼による繁栄は宗教戦争によって急激に衰退した。1562年にプロテスタントの侵略を受け，施設の大部分が火災にあい，破壊され，1574年にカトリック側の反撃による交戦によってさらに破壊が進んだ。

概要

この地域最大のファサードは1140年から1150年ころにつくられたものである。その特徴はサン・トロフィームと同様に古代ローマの意匠に強い影響を受けていることである。プロヴァンスには多くのローマ遺跡が残されているが，特にアルルにある4世紀から5世紀の初期キリスト教時代の石棺彫刻が，表現あるいはイコンとして参照されていることが知られる。
ファサード全体が凱旋門のような意匠構成と思われるのも，おそらくオランジュの凱旋門が影響を与えているのではないか。12世紀から13世紀は異教徒・異端派との戦いの時代でもあった。この大イコン群は教皇を首長とする正統派キリスト教の異端に対する前線基地であったことを思わせる。したがって彫刻は異端を竜あるいはライオンなどの動物にたとえ，イコンを高らかに歌い，キリストの勝利を高らかに宣言している内容になっているのである。中央破風にキリストの勝利，左右にキリストの磔と東方三博士の礼拝，アーキトレーヴに新約聖書にあるキリストの一生，中段に聖人たちが描かれる。彫刻家は3人説と5人説があるが，中心になったのは聖マタイと聖バルトロメオを始め多くの聖人部分を手がけたブリュヌスとされている。

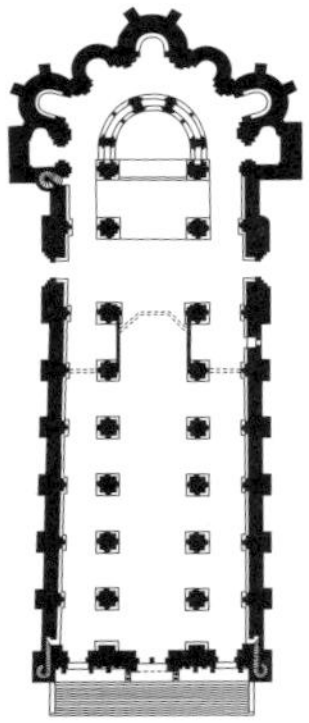

平面図

アクセス ➤地図 | p.078

アルル[5]よりN572で一本道

1 | 凱旋門をほうふつとさせるモニュメンタルなファサード。彫刻部分以外は後世の修復による。
2 | キリストの一生を描くアーキトレーヴ部分。
3 | 中央左右には聖人の彫刻が配される。
4 | 数々の破壊によって廃墟となった旧後陣跡。

1

2

3　4

[サン・マルタン・ド・ロンドル]
Saint Martin de Londres

➤サン・マルタン教会

Eglise Saint Martin

変化に富む小さな広場に囲まれた,
ロンバルディア風のシンプルで美しい教会。

歴史

1088年ロンドルの封建領主たちはいくつかの交換条件のもとに，隣り合うサン・ギレーム修道院へロンドル教会を献上することにした。このとき現在の教会建設がはじまり，12世紀初頭にほぼ完成した。入口部分は12世紀中頃に鐘楼を載せるために追加された部分である。

概要

ロマンチックな小さな村の中心に民家に囲まれた広場があり，その一画に美しい後ろ姿を見せる教会が建つ。東南角の門のように開かれた階段から見る教会の姿は特に秀逸。周囲の民家は16世紀から17世紀に建てられたもので，教会域を囲う壁をもとに徐々に形成されたと考えられる。

教会は短期間に建設されたために均質で完成度の高い意匠をもつ。一種のロンバルディア風教会で，この地域では他に類を見ない。平面形も木の葉型の単純で独特な形式であり，さながらルネッサンスの教会すら連想させる。建築にあたってサン・ギレーム修道院の関係者がかかわっており，良く見ると両者に共通する意匠的特徴が特に後背部に見いだせるので比較されたい。簡潔で装飾の少ない内部は，開口が限られているので非常に暗く，ドームに唯一開けられた東の小さな開口部から身廊に投げつけられる光が計算された象徴性をもたらしている。

村を守る壁と教会を囲う壁が集落全体に構造を作り出しており，そんな村の成り立ちを連想しながら，村周辺を散策したい。

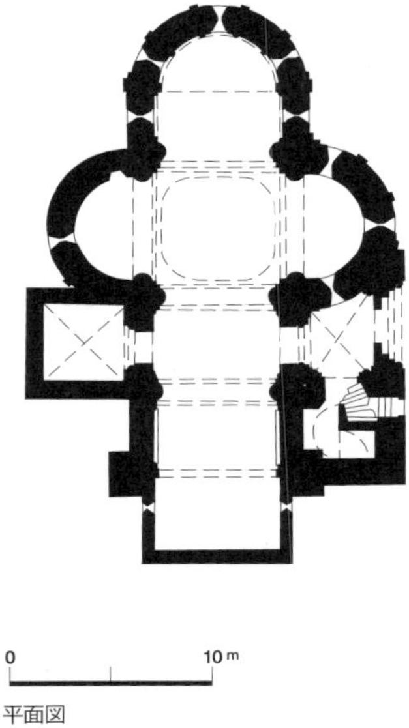

平面図

アクセス ➤ **地図** | p.**078**

モンペリエより北西へ25km。モンペリエ[7]よりD986を北上，約30kmでSt.Martin de Londres村に着く。教会の入口が分かりづらいので注意。教会のまわりを民家が取り囲み，民家の間を抜けて教会のある広場に達する。

1 | 装飾的要素がほとんどない空間に象徴的に自然光が照射する。半円アーチのみによる整然とした幾何学的解決が気持ちの良い空間をつくりだしている。

2 | 3つの半円礼拝室が美しい造形を広場に向け，西側ファサードは存在しない。こぢんまりした広場はアーケードやレベル差で変化に富んだ空間をつくり，広場と一体となった構成をみせる。

1

2

[サン・ギレーム・ル・デゼール]
Saint Guilhem le Désert

➤サン・ソヴール・エ・ギヨーム修道院

Ancienne Abbatiale Saints Sauveur et Guillaume

ピクチャレスクな美しい村と
一体になった初期ロマネスクの傑作。

歴史

かつてのこの地の名であるジェローヌは，シャルルマーニュと懇意であったトゥールーズ伯爵ギヨームがこの地を選んで隠居し，修道院を営んだことによって，南部の方言ギレームと呼ばれるようになった。ギヨームが入植したのが806年，同じ時期にマグロン公爵が創設したアニアーヌ修道院と常にライバル関係にあって，村へのアプローチにある印象的な橋「悪魔の橋」を共同で建設したこともあった（1029年）。ライバル関係は，1090年に教皇ウルバヌス2世を呼ぶことに成功することによってジェローヌが優位な立場を築いた。修道院は1076年に教皇とオロロン司教のもとに献納式を行ったという記録が残っているが，教会の工事はさらに続き，11世紀の終わりに竣工したと考えられている。ナルテックス部分は最後の段階で建設された。

概要

石灰岩の荒涼とした谷あいにある重要なモニュメント。村へのアプローチはピクチャレスクな展開を見せ，印象的である。アプローチのいちばん奥に18の小さなアーチが連続して巡る後陣が自然に溶け込むような姿で登場する。
西側ファサードは村の入口にある小さな広場に面し，気持ちの良い穏やかな前庭となっている。このナルテックスを形成する鐘楼は「ジメル」と呼ばれ（ジュメル gemell＝双子の意），ナルテックスの入口と教会の入口が，双子のように同じ扉であったことに由来すると考えられている。全体に比較的小さな石灰岩を積み上げる壁面構成によって成立しているが，入口には大理石の柱に載ったアーチ装飾があり，ローマ起源の転用部材を持ち込んだと思われる。鐘楼の上部にはめ込まれている彫刻も別に使われていた部材を持ち込んだものと思われるが，そのテーマと様式がサン・ジェニ・デ・フォンテーヌやサン・タンドレ・ド・ソレドを想起させる。
内部は幅の狭い身廊が高さを意識させる。装飾のほとんどない厳粛で純粋な空間は初期ロマネスクの傑作と言える。内陣上部にある十字と円の小さな開口部が象徴的な強烈な光を投げかける。教会南側には中庭の遺跡がある。カロリング朝の3つの棺桶があり，大理石の祭壇はロマネスクのもの。クリプトで発見された聖ギヨームの遺体が保存されている。

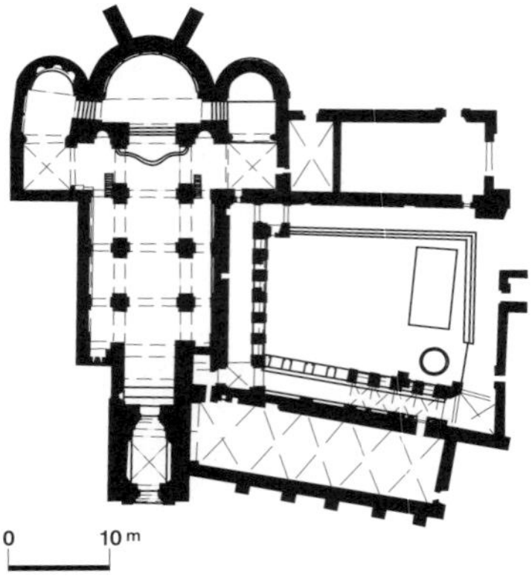

平面図

アクセス

➤ 地図 | p.078

モンペリエより北西へ42km。モンペリエ[6]よりN109を西へ約25km走って，St.AndréよりD141，D122を乗り継いで，突き当たりの村がSt.Guilhem le Desert。

1 | 土地の石で建築された集落全体が，教会を中心として一体としての造形をみせている。

2 | 大きな幾何学的量塊に繊細に穿たれた印象的な後背部の18連アーチ。

3 | 初期ロマネスクの雰囲気を伝える簡素な半円アーチと小さな象徴的開口部。

4 | 中庭は一部のみ残るが，そのスケールを感じ取ることができる。

1

2

3　4

[サント・マリー・ド・ラ・メール]
Saintes Maries de la Mer

➤サント・マリー・ド・ラ・メール教会

Eglise Saintes Maries de la Mer

海辺の要塞
ジプシーの精神的な拠点。

歴史

中世には海岸から数km沖に離れていた湿地帯に位置する。記録によると6世紀から教会があったとされるが，11世紀にはアルルのサン・セゼルに付属する教会であり，続いてモンマジュールに所属することとなった。現存する教会は12世紀の後半に建設されたものである。もともと2人のマリアを奉る教会だったが，1448年にフランス王プロヴァンス伯爵レネによる聖遺物献納式を行うことによって巡礼教会の地位を確保し，多くの巡礼者が訪れることになった。このとき，内陣のクリプト改造と西側2スパンの拡大を国王レネ自らの指揮で行っている。この頃ジプシーがこの地にも到達し，献納式では同時にジプシーの守護聖人，聖サラがクリプト右側に奉られることになった。

概要

この修道院は，かつては中庭をもつ一団の建築群だったが，中庭が広場となり，教会は広場の中心に建つかたちとなった。19世紀まではノートルダム・ド・ラ・メールと呼ばれていたが，マリー・クレオファ，マリー・サロメ，マリー・マドレーヌ，マリー・サラの遺骨を納めることによってサント・マリーとなったのである。印象的な湿地帯のアプローチのどん詰まりにあって，土地柄，海賊や侵略の最前線にさらされていたため，教会自体がコミュニティーを守る堡塁の中心的な存在だった。守りの施設であることは特異な外観からすぐに確認できるが，これは14世紀から15世紀ころに受けた改造の結果であり，内部は田舎風のプリミティヴなロマネスク教会である。
外部では黄色く輝く石が，内部では湿気やろうそくの煤で黒ずんでいて，凄みを感じるほどである。暗い内観に強い海岸の光線が照射する光景は，それだけで象徴的な空間を演出するに十分な雰囲気をつくりだしている。柱頭は2つだけが物語彫刻であり，受胎告知とアブラハムの犠牲が描かれているが，この作者はニーム大聖堂のフリーズ彫刻やアルルの中庭彫刻などの作者と同一人物であることが知られることによって，ここの建設年代が1170年頃と分かるのである。
5月の巡礼の季節になると多くのジプシーたちが今でも集まり，華やかな季節の到来を感じとることができる。現在は夏のリゾート地として商業主義の波の中にあるが，昼食時であれば現地の新鮮なシーフードをいただくのも一興である。

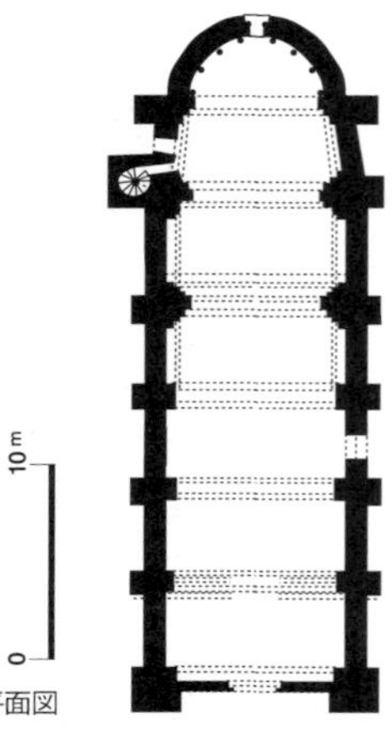

平面図

アクセス ➤地図 | p.078

アルル[4]よりD570を南下，湿地帯を進み，地中海に突き当たった最先端にある。

1 | ファサード上部に立ち上がる鐘楼としての壁面。モニュメントらしさを付け加えた装飾的要素。海の風を間近に感じる位置にある。

2 | 本来のバットレスと15世紀から16世紀に追加された城壁としてのしつらえの組合せ。外部はバットレスとアーチのそっけない壁面を回すのみ。

1

2

[モンマジュール]
Montmajour

➤ノートルダム教会

Eglise Notre Dame Chapelle Saint Pierre
Chapelle Sainte Croix

古代的で壮大な幾何学に基づく
造形感覚の巨大修道院。

歴史

沼地のなかに孤立するモンマジュールの丘は，聖トロフィームが礎を築いた後に長いあいだ公共墓地として利用されていた。949年に敬虔な女性テュサンドが財産と交換にこの地を獲得し，アルルのサン・トロフィーム教会に寄贈することになって，修道院が設立された。彼女の墓は現在も教会の東に存在する。その後，多くの土地の権力者がここに葬られるにつれて，修道院の規模は拡大していった。最初の教会は，おそらく10世紀につくられたサン・ピエール教会で，岩を削るようにしてつくられた。その後12世紀にサン・クロワ教会ができたのは，11世紀に十字架の遺物を持つことによって巡礼の重要な目的地となり，多くの人々が集まるようになったからである。12世紀にはクリプトとノートルダム教会が完成し，大規模な修道院は完成した。1409年の免罪祭にはまだ沼地であったにもかかわらず，15万人の巡礼者が集まったといわれる。

概要

人型に削られた岩盤が不気味に広がる丘に，ダイナミックな造形をみせる巨大な修道院教会。岩を削って広げられた空間にクリプトがつくられ，上部教会の基礎となっているが，その平面計画と造形は独自のものである。
中央礼拝室と放射状礼拝室を完全に整理された美しい幾何学で統合し，力強い量感でまとめている。モンマジュールで最も美しい部分であるといっても過言ではない。
その上部にのるノートルダム教会は本来5スパンで計画されたといわれているが，2スパンのみのコンパクトで壮大な空間として完成した。身廊はわずかに尖頭形のアーチであるが，内陣廻りの造形はすべて半円で計画され，古代ローマ的な，純粋で感動的な空間である。一段下ったところに最初の教会，サン・ピエール礼拝室がある。当時のフリーズがわずかに残り，洞窟としての初源的な礼拝空間が残されている。外部バットレスは後世の補強だが，採光の状態はほぼ10世紀当時の環境をいまも体験できる。
南側に回廊中庭と修道院付属施設が連続する。中庭はアルルのサン・トロフィームの直接的な影響を受けていて，彫刻にはほとんど同じ表現のものが見られるのでよく比較されたい。北側廊下が最も古く，屋根構造を見ても他の部分と異なっている。南と西の廊下はかなりの改造を受けており，東はロマネスクの雰囲気を残す部分がある。
少し離れて建つサン・クロワ礼拝堂はシンプルで古代的な造形感覚を12世紀において実現した興味深い作品であり，その精神はサン・トロフィームにも通ずる。正方形の中心平面の四方に半円を組み合わせ，ペディメントを明快な三角形で押えており，平面・立面の両面においてきわめて徹底した幾何学的な表現を貫いている。

クリプト平面図

アクセス

➤ 地図 | p.079

アルルより北東へ6km。アルル[1]よりD17をFontvieille方面に行く。アルル市内より車で約15分。近くにある大学までバスの便あり。バス停の名前もモンマジュール。5月―10月は蚊の大群がいるので注意。防虫スプレー等ではきかない。

1 | 丘の上に建つ巨大な遺構。
2 | サン・トロフィームに似た造形の中庭回廊部分。
3 | 中庭回廊詳細。

1

2

3

[タラスコン]
Tarascon

➤サン・ガブリエル礼拝堂

Chapelle Saint Gabriel

プロヴァンスのギリシャ。
古代建築のロマネスク的解釈。

歴史

ローマ帝政時代から沼地の中にある集落として存在し，ギリシャ風の名エルナジヌムと呼ばれていた。水路交通の要衝として戦略的に重要な位置にあり，当時の遺構は礼拝堂周辺に数多く残っている。1030年にはマルセイユのサン・ヴィクトワールの教区に属する施設であったとする記録が残っている。12世紀に最も繁栄し，礼拝堂のほとんどの部分はこの頃のものと考えられる。一説によるとアルルのサン・トロフィームで働いた彫刻家がその後サン・ポール・オー・トロワシャトー教会を手がけ，続いてここに見られる装飾部分を手がけた可能性があるとされる。略奪を受けることも多く，水上交通の基点としての重要性を次第に失うことによって15世紀はじめ頃から衰退し，集落は消滅した。

概要

15世紀に沼地の中に消滅した都市の遺跡の中にある。礼拝堂前の段差は沼地であったころの土木的な痕跡である。礼拝堂は古代からロマネスクへと変遷する過程を表現する貴重な例となっている。現在はアルピーユの丘の際にある荒地の只中にあって，西側ファサードは古代建築のロマネスク的解釈の表現となっている。
入口は平板で奥まった半円アーチのニッチに破風飾りがあり，小柱にはコリント式の柱頭がのるというローマ風の意匠構成である。この意匠構成はサン・レスティトゥイ教会の南門などにもみられる。破風彫刻は右にアダムとイヴ，左にダニエルと「罪」を象徴するライオンが題材となっているが，その様式は初期キリスト教様式の石棺彫刻に良く似ており，本来別の先行する建築に使われていたものを転用した可能性もある。破風上に嵌め込まれた彫刻も同様に古い様式を示しており，受胎告知を描いている。
豊かな外部装飾とは対照的に，内部は単純なヴォリュームと2カ所に限られた開口部から射す光線のみで成立している。
全体の造形的な感覚はむしろルネッサンスを思わせるものがあり，当時のこの地域にあったすばらしい造形センスに驚かされる。通常は閉鎖されており，内部を拝観するには管理者に交渉する必要がある。礼拝堂前の空き地に駐車することになるが，盗難の名所である。十分注意されたい。

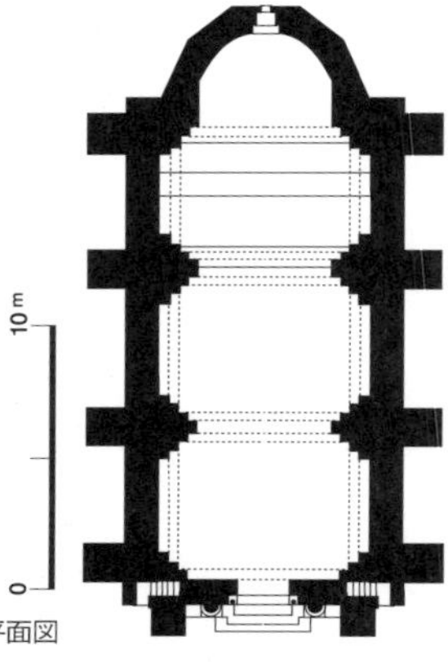

平面図

アクセス

➤ 地図 | p.079

タラスコンより南東へ5km。アルル[1]よりN570を北上，約10kmでD32(Cavaillon方面)へ右折，すぐ正面。行政区分ではTarasconだが，St. Etienne du Grésに近い。5月―10月は蚊の大群がいるので注意。

1 | L.B.アルベルティを想わせるファサード。基壇は手前が沼地であったことを表現する。

2 | 細いスリットの開口部以外は幾何学的な量塊の組合せのみで構成された後背部。

3 | ニッチとペディメントの入れ子の組合せ。ペディメントが縦長なのは半円とのバランスからか。

4 | コリント式の柱頭。古代ローマを想わせる。

1

2

3　4

[ボーム・ド・ヴニーズ]
Beaum de Venise

➤ノートルダム・ドビューン礼拝堂

Chapelle Notre Dame d'Aubune

乾いた岩山を背景に
美しい幾何学をみせる小教会。

歴史

教会の起源は，シャルルマーニュがサラセンと戦って勝利したときに，記念の教会を創設したことにはじまるが，現在の教会の原型となるのは，側廊のない3スパンの小さな教会で，ローマ時代の遺跡の上に1125年から1150年頃に建設されたと考えられる。南側入口鐘楼は1180年頃，北側の側廊と鐘楼手前のバットレス状ゲートは17世紀はじめのものと考えられている。

概要

オビューンとはケルト語起源の「ALP」という語が土着風に訛った言葉であり，古くはローマの要塞都市だったが，動乱の時代から中世まで防御のないままにボームの人々が散在していた。背後に自然の要塞である急峻な山をもち，南側は屏風のように展開する岩山ダンテル・デ・モンミライユがあり，ボーム側から見上げるとブドウ畑のはるか先に，岩山に溶け込んだ教会が望める。
小さな石を積み上げた単純で彫塑的な教会はこの近郊にもいくつか散在しており，この地域の1つのモデルであったことが分かるが，その中でも最も素朴で装飾が少なく単純な姿が山の荒々しい背景にひときわ映える様は，美しいプロポーションを存分にみせている。特に後背部のシンプルで幾何学的造形と鐘楼との絶妙なコンビネーションは，近景・遠景ともに均整の取れた構成をみせている。
内部の平面装飾は主に19世紀のものだが，内陣の柱頭や翼廊では力強い構成，鐘楼では繊細な感覚をもった彫刻によってアクセントがつけられている。内陣上部の丸窓の光が印象的。
基本的に一般公開していないが，鍵は村の特定人物が管理しており，探し出すことができれば内部を拝観できる。周囲にブドウ畑があることで分かるように，ここもワインどころだ。カーヴで賞味していくと良い。

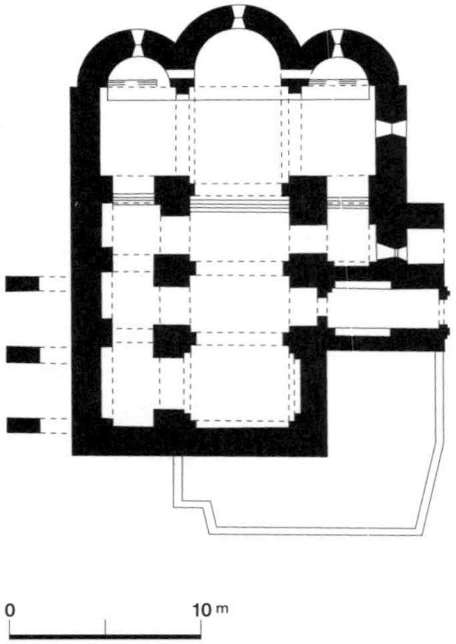

平面図

アクセス

➤ **地図** | p.**079**

アルル[1]よりN570, D942を乗り継いでCarpentrasへ。CarpentrasよりD7で8km。

1 | プロヴァンスらしい荒涼とした岩山を背景に，遠方からもバランスの良い際立った造形を確認できる。

2 | 後陣丸窓詳細。

1

2

[セナンク]
Sénanque

➤セナンク修道院

Abbaye de Sénanque

ラヴェンダー畑に囲まれた谷の
シンプルで優雅な田舎屋風大修道院。

歴史

カバイヨン教区のアルファン司教の要請により，1148年にマザン修道院から修道僧たちがこの地に移転し，創設した。シミアヌの有力者たちから保護を受け，セナンクの谷を寄贈されることによって修道院の経営がはじまった。最初の修道院長ピエールは1152年より，近くの森の中，シャンボンに修道院の建設をはじめた。さらにヴェナスクの豪族ジョフロイは遺言にてすべての財産を修道院に寄贈し，教会の中への埋葬を求めた。現教会の交差部分東に彼の墓は今でも残っている。現在残る教会の建設は1160年からはじまり，13世紀始めまでに終わったとされる。

概要

谷あいに隠れるようにあって，美しいラヴェンダー畑を前に，直線的に張り出した翼廊と優しい曲面のヴォリュームの組合せが美しい後ろ姿をみせる。おそらく谷という自然条件から強制されたと思われるが，教会は通常の方位に配置されず，後陣を北へ向けている。
教会はシトー派らしく厳格な空間の中にほとんど装飾的な要素はなく，開口部もきわめて限られているため，背後の南からの光が象徴的な強さを表現している。唯一装飾的に表現されているドームを支えるペンデンティヴは，この地方に類を見ない要素であり，北のマザンあるいはル・ピュイの伝統が持ち込まれていると考えられる。祭壇も12世紀のものであり，ジョフロイの墓は右翼廊正面にある。
回廊は対照的に豊かな表現をもっている。中庭側から見ると各面4つの大きなアーチを軽快な三連アーチで分割することによって，ダイナミックさと繊細さを表現しており，回廊側から見ると重厚で厳格な天井半円アーチに12の連続アーチを規則正しくみせることで大きな空間の奥行きをみせている。植物模様の柱頭もすべて異なる形状のオリジナルで，厳格な空間に華やかさを与えている。

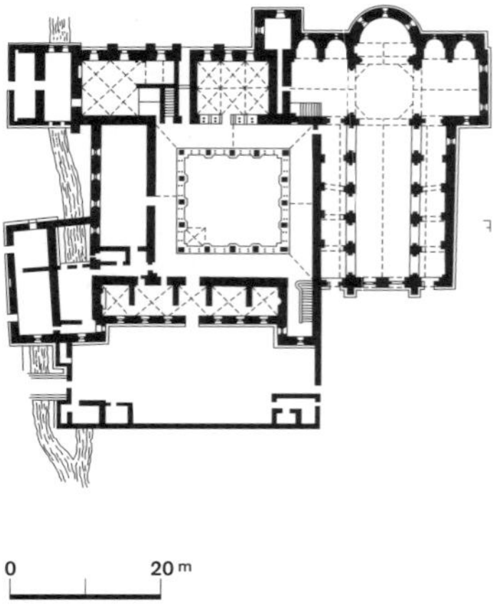

平面図

アクセス ➤ 地図 | p.079

アルル[1]よりN570, D99を通りCavaillonを抜けて D2よりN100を横切ってGordes方面へ行く。Gordesを右手に見ながらD177に乗り換えてあとは一本道。D177は細い急な下り坂なので注意。Gordesも見事な山岳都市。

1 | アプローチからみると，美しいラヴェンダー畑越しに均整の取れた後背部のシルエットを望むことになる。シトー派らしく後陣の半円ヴォリューム以外質素な意匠構成である。

2 | 中庭回廊。中庭側で意匠的に3つのアーチを1スパンとしてまとめる独特の表現をみせる。

3 | 控えめな鐘楼を載せる交差部方向を望む。

4 | 装飾要素のない3廊構成に尖頭アーチ，三位一体を表す3つの窓というシトー派の意匠構成。

1

2

3　4

[サン・パンタレオン]
Saint Pantaléon

➤サン・パンタレオン教会

Eglise Saint Pantaléon

洞窟のような
極小の神秘空間。

歴史

聖パンタレオンはギリシャの伝説によると，貧民の医者として活動したと同時に皇帝ガレールも診察したとされ，305年にニコメディで殉教している。11世紀に中央の身廊にあたる部分のみが建設され，続いて南東角の部分がつけ加えられ，11世紀中には中央と南側の2つの小さな教会が連続する形で完成した。さらに12世紀に北東角に1室が加えられ，全体に1つの教会として連絡するようになった。この増築は，葬祭施設から教会へと変身する過程を物語っている。北西角の増築は最後のペスト流行後，1722年に中世の石を再利用して行われた。

概要

農村の墓地に建つ，非常に小さな原始的な教会である。岩盤の上にはあちこちに遺体を納めたと思われる人体型の穴が穿たれており，教会の床にもこの穴が確認されている。墓地の葬祭施設として岩を削り出しながら建築を造っていったことは，内陣部分の下から1.3mほどは岩盤を削り出して壁や祭壇がつくられていることから分かり，その力強さは傾斜地となった後背部に回り込むとさらに明快に確認できる。
入口の扉を閉めると，ほとんど真っ暗な中に小さな開口部からの光が彫塑的な空間に照射する光景が現れる。開口部の色とりどりのガラスは今世紀のもの。
入口の扉に鍵を保管する人の電話番号が記されており，鍵を借りて拝観する。保管している人の家は村のはずれにあるので電話でよく道を尋ねていきたい。5kmほど離れたところにパノラミックな丘の街ゴルドがある。すばらしい景観が楽しめるので立ち寄っていくと良い。

平面図

アクセス

➤ 地図 | p.079

アルル[1]よりN570，D99を通りCavaillonを抜けてD2よりCoustelletでN100を右折，約5km走ってD103を左折，3kmでD148へ右折，約4.5km先。

1 | 教会南側の石積み。全体に計画性が薄く不整形であるが，逆に力強い土着性を感じる。
不整形な開口部にはさまざまな色のガラスが嵌め込まれており，神秘的な光を演出している。

2 | 周囲は小さな村の墓地であり，墓地を囲む壁で教会もほとんど隠れているので見落とさないように。

1

2

[シルヴァカヌ]
Silvacane

➤シルヴァカヌ修道院

Abbaye de Silvacane

シトー派三姉妹の末妹。
穏やかな自然に開放した修道院。

歴史

11世紀ころはマルセイユのサン・ヴィクトワールに属する小さな礼拝堂に数人の修道僧が住んでいたが, 1145年に聖ベルナールが異教徒との戦いの中でこの地を通った際に, シトー派に転向したのではないかとされる。1147年にレモン・ド・ボーらが土地を提供し, モリモンの修道院長に呼びかけるなどして周辺整備がはじまり, 彼の息子ベルトランが1175年から1230年に修道院建設を進めた。13世紀には異教徒の侵攻が盛んになったが, マルセイユ伯爵ユーグ・ド・ボーらの保護によって繁栄期を迎えた。13世紀の終わりにモンマジュールの僧による侵略と人質事件が起き, 1358年のオービニャンの豪族による略奪と破壊を受け, 1364年の大冷害などによって急激な衰退がはじまった。15世紀にはほとんど所有権も定まらぬ様に, いろいろな教会への所属を変えられるままに転々とした。

概要

3姉妹の他の修道院は, 谷あいの人里離れた場所にあって隠遁生活を前提とした立地にあるが, ここでは穏やかな丘陵地にあって経済活動や交通の容易な場所にある。
入口破風は15世紀に他の教会へ所属したときの痕跡であるが, それ以外には控えめな柱頭以外ほとんど装飾的な要素はない。平面形も曲面のない質素で厳格な構成をみせている。正確な美しい石積みによって調和の取れたプロポーションを実現し, 丸窓と三連の三位一体を表現する開口部が後陣正面と正面ファサードにあって, 象徴的印象的な風景をつくり出している。中庭回廊は中庭側への開口部が小さく, 憩いの場所というよりは各機能をつなぐ廊下としての機能的なイメージを表現しているように感じられる。半円筒の天井と開口部の柱壁ががっちりとした重さと簡素なシトー派らしい美をみせている。

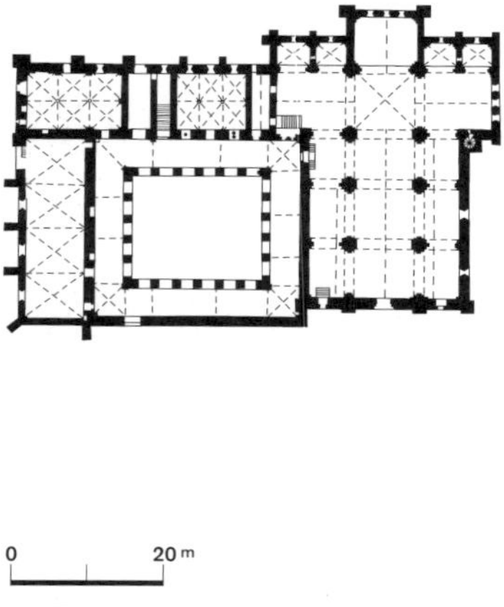

平面図

アクセス

➤ **地図** | p.**079**

アルル[2]よりN113でSalon de Provenceへ, SalonからD538を約7km北上, 途中D23へ右折, 約11kmでN7へ右折, 約3km走ってD561へ左折, 14km走るとAbbaye de Silvacaneの案内板あり。

1 | プロヴァンスの他のシトー派修道院が山間にあるのに対し, 平地にあるシルヴァカヌはアプローチからはわずかに輪郭が認識できる程度である。

2 | 中庭回廊。傾斜地によって空間に動きをつくっており, 半円大アーチ以外は細分化したアーチを持たない, 重たく簡素な表現。

3 | アーチを支えるどっしりとした中庭回廊の柱。

4 | 3廊構成, 尖頭アーチ, 3つの窓というシトー派の典型的意匠構成。後陣の明るさを際立たせるように, 側廊は限られた小さな開口部によって光の演出がなされている。

1

2

3 4

[ル・トロネ]
Le Thoronet

➤ル・トロネ修道院(サン・ローラン修道院)

Abbaye du Thoronet (Ancienne Abbatiale Saint Laurent)

必見の詩的な光と影の世界。

歴史

創設はシトー派三姉妹の中で最も早く，1136年のこととされる。当初はフロレージュと呼ばれる場所にあった修道院を，バルセロナ伯爵プロヴァンス侯爵レモン・ベランジェーがマザンの修道僧に寄贈した土地を利用し，より良い環境を求めて20kmほど離れたこの地に移転したのである。現存する施設の建設は1160年からはじまり，1180年から1190年頃に竣工した。他の修道院と同様にペストが流行した14世紀から徐々に衰退しはじめ，宗教戦争によって決定的にダメージを受けた。だが，施設自体は廃墟になっても決定的な破壊を受けなかったため，比較的状態の良いまま現在もその遺構をみることができる。

概要

多くの建築家や美術愛好家を引きつけてやまない，シトー派独特の清楚で厳格な，魅力ある表現をもつロマネスク教会最高傑作の1つ。
深い谷に埋もれるようにひっそりと建ち，アプローチからは細くシンプルで印象的な塔が象徴的に立ち上がるのを確認できる。正確な石細工による平滑な壁面が光と影のグラデュエーションを正確に表現し，美しく反射し，暗闇に「粗い石」のテクスチャーをみせる。西側ファサードに中央入口がないことに象徴されるように，きわめて限られた開口部は光の象徴性を高め，開口部の意味を語る。装飾要素は僧院施設の独立柱にある柱頭の植物と思われる簡素な彫刻と，中庭の2連アーチ程度であり，特に中庭の傾斜地に連続するアーチは巨大な奥行きの壁に穿たれた開口部に，もう一段入れ子の壁面を設けることで，段差のある回廊にリズムとアクセントのある光を投げかけると同時に，中庭の意匠をきわめて印象的なものにしている。
ル・コルビュジエをはじめ，多くの芸術家や作家がこの地の空間を分析し，語っている。彼らによって語られた世界を検索するのも，この空間を再認識する手がかりになるかもしれない。
駐車場にも注意書きがあるが，人里離れた場所であるため，拝観中の車内盗難には十分注意されたい。

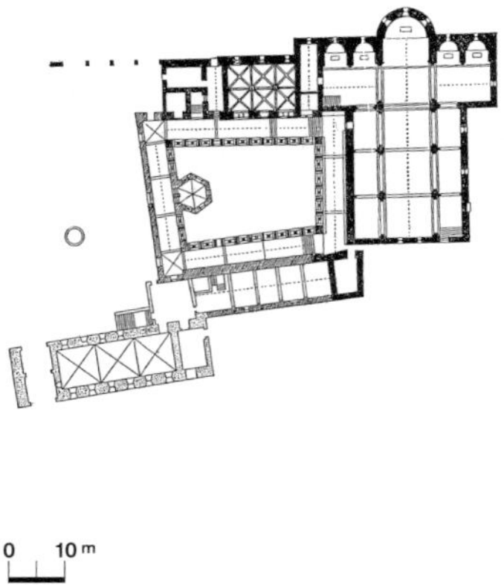

平面図

アクセス ➤地図 | p.079

アルル[2]よりN113でSalon de Provenceへ，ここから高速A7に乗り，途中A8に乗り換えて再びA7にもどる。出口13で降り，一般道D17をLe Thoronet方面へ北上して，あとは一本道。

1 | 後背部の身廊と同じ幅に突き出した平滑な半円の後陣ヴォリューム。シトー派としては異例のはっきりと突出した鐘楼との組合せが簡素な美しい構成をみせる。

2 | 南側立面。開口部がほとんどなく，平滑なヴォリュームのみの組合せが抽象的な世界をつくりだしている。鐘楼がかろうじて教会であることを象徴的に示している。

1

2

3

4

3｜中庭の連続アーチ。大アーチと2連アーチのつくりだす陰影と石のテクスチャー。

4｜2階大寝室。強烈な大ヴォールトと小さな連続半円アーチによる美しい光のグラデュエーション。

5｜傾斜を利用した段差が中庭回廊に空間的な変化と動きを与えている。

6｜参事会室内部。ここにのみ柱頭彫刻が2つある。

7｜平滑なヴォリュームがつくる光と影。太陽の動きで中庭の光環境は劇的に変化する。

5

6　7

Provence ………………… その他の見所

プロヴァンス―ラングドックで足を伸ばすなら

プロヴァンスは地中海性の穏やかな気候と，そこから生み出される独特の文化と食文化をもった地域であり，ピーター・メイル著『プロヴァンスの12カ月』でその魅力を知る人も多いだろう。地中海文化圏にあってイタリア，ローマとの関係が深く，アルル，ニーム，オランジュなど多くの都市にローマ時代の古代遺跡が点在し，夏にはオペラや芸術祭など多くの催し物が行われる。
ローマ遺跡のなかでもニーム，アヴィニョンからバスで行けるポン・デュ・ガールは，2000年前に作られた巨大な水道橋であり必見。アルル周辺にゴッホの軌跡を訪ねる旅も楽しい。アルル市内にはゴッホの絵に登場する広場やカフェ，跳ね橋などが当時の姿をとどめている。スケッチに登場するサント・マリー・ド・ラ・メールやモンマジュール，サン・レミの精神病院なども半日あれば一通りみられるだろう。エクス・アン・プロヴァンスにはセザンヌのアトリエがあり，彼が好んで描いたサント・ヴィクトワール山の白い岩肌が望める。絵に描かれたポイントを訪れてみるのも一興であろう。小さな穴場としてアルルの北東15kmにある廃墟の村レ・ボーがある。ここにはボーマニエールという著名なレストランもある。マルセイユの東20kmにあるカシスは，人口800人程度の海沿いの町で，カランクと呼ばれる狭い入り江が複雑に展開する美しい場所。
プロヴァンスの旅は，ゴッホも求めた春の太陽が美しい4月から6月がベストである。紫のラヴェンダー畑の真っ只中やローズマリー，ペパーミントの香りの中をドライブするのも楽しい。

LIST ……その他の主な教会

[La Garde Adéhmar] ➤ Eglise Saint Michel
[Saint Restitut] ➤ Eglise Saint Restitut
[Vaison la Romaine] ➤ La Cathédrale de Vaison ➤ Chapelle Saint Quenin
[Avignon] ➤ Cathédrale Notre Dame des Doms
➤ Ancienne Abbatiale Saint Ruf ➤ Le Pont Saint Bénézet
[Saint Rémy de Provence] ➤ Saint Paul de Mausole
[Marseille] ➤ Notre Dame la Major ➤ L'Abbaye Saint Victor
[Uzès] ➤ Ancienne Cathédrale Saint Theodorit
[Sylvanès] ➤ Ancienne Abbatiale Notre Dame de L'Assomption
[Saint Chély du Tarn] ➤ Eglise Notre Dame de L'Assomption
[Plaisance] ➤ Eglise Saint Martin

参考 | コルシカ島のロマネスク教会

[Canonica Lucciana] ➤ Ancienne Cathédrale de l'Assomption

section 2
chapter 4

ラングドック地方とルシヨン地方

ピレネー山麓のドラマ

4_Languedoc Roussillon ラングドック地方とルシヨン地方のロマネスク教会

ルシヨンという地名はペルピニャンの前身であるルシノから命名されているが，ローマ帝国支配の時期にはコンスタンティヌス帝の母エレーヌの名をとったエルヌに司教が置かれ，戦略的な拠点が移った。常に異民族間の侵略にさらされる地理的条件は，文化的にも大きな影響を残している。720年頃にいったんモスリム支配を受けた後，カロリング朝の体制が整うと，各地で修道院の建設がはじまった。ここに紹介している教会のほとんどは，この頃に最初の教会が建設されている。その後も頻繁に侵略を受けるなど，不安定な政情は繁栄を平野部からセルダーニュの山岳地帯に移転させた。10世紀以降12世紀までの建設は公爵家の資金によって運営され，キュクサ，カニグー，セラボヌなどロマネスク建築の傑作を生み出している。
この地域の意匠的な特徴は，イタリア風初期ロマネスク教会の影響を受けることによって部分的にロンバルド帯などを採用しており，全体の構成もきわめて質素で純粋なアーチや壁面のみを見せる建築であることであり，技術的な特徴は，大きな石を使った壁面構成はほとんどなく，小さな石を細かく積み上げていることである。
こうした構成から生み出される空間は，一種の迫ってくるような凄みをもち，洞窟の礼拝室というような初源的な体験を与えてくれている。いずれも山岳地帯の只中にあって，自然とのダイナミックな融合を見せていることも大きな魅力の一つである。
12世紀のルシヨン全体に見られるのは，大理石による独特の柱頭彫刻である。常に描かれるのは動物の姿であり，特にライオンの姿はどの教会にもあるといってよい。ライオンは当時ではキリストに敵対するもの，退治すべき悪徳などを表現するものであり，セラボヌでは柱脚に押さえつけられたライオンが配置されている。それ以外の多くの動物と人間を組み合わせた彫刻は，この山岳地帯の自然と人間のありかたを物語る風土記のように感じられ，一つの文化圏の存在を確認する証言ともなっている。その質の高さと特定年代に作られている背景には数限られた作者の活躍があったと想定される。彫刻でもう一つ興味深いのは，サン・ジェニ・デ・フォンテーヌとソレドのサン・タンドレの彫刻である。確定した年代が判明していて基準となる彫刻であること，独特のナイーブな中世的な世界が描かれていることなどによって名高い。
この地域を巡礼するとピレネーの自然の雄大さを痛感する。トゥール・ド・フランスのピレネー越えルートをたどりアキテーヌに抜ける道は，厳しく美しい自然を満喫できるこの地域だけの楽しみとなろう。コンポステーラへの巡礼路において最難関であったことを体験できる貴重な地域なのである。

主要都市 | Languedoc, Roussillon |

1 ペルピニャン[PERPIGNAN]

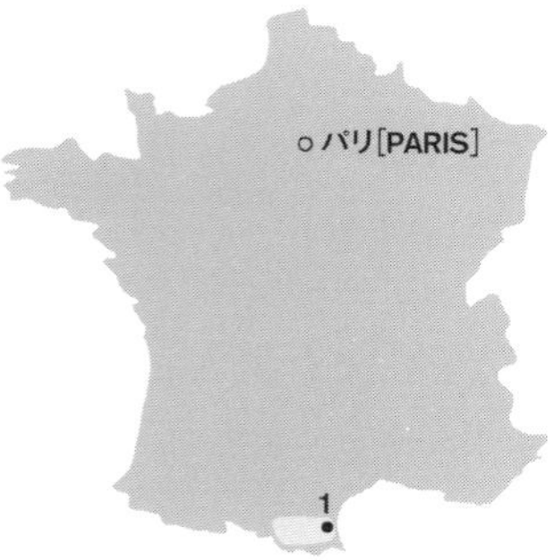

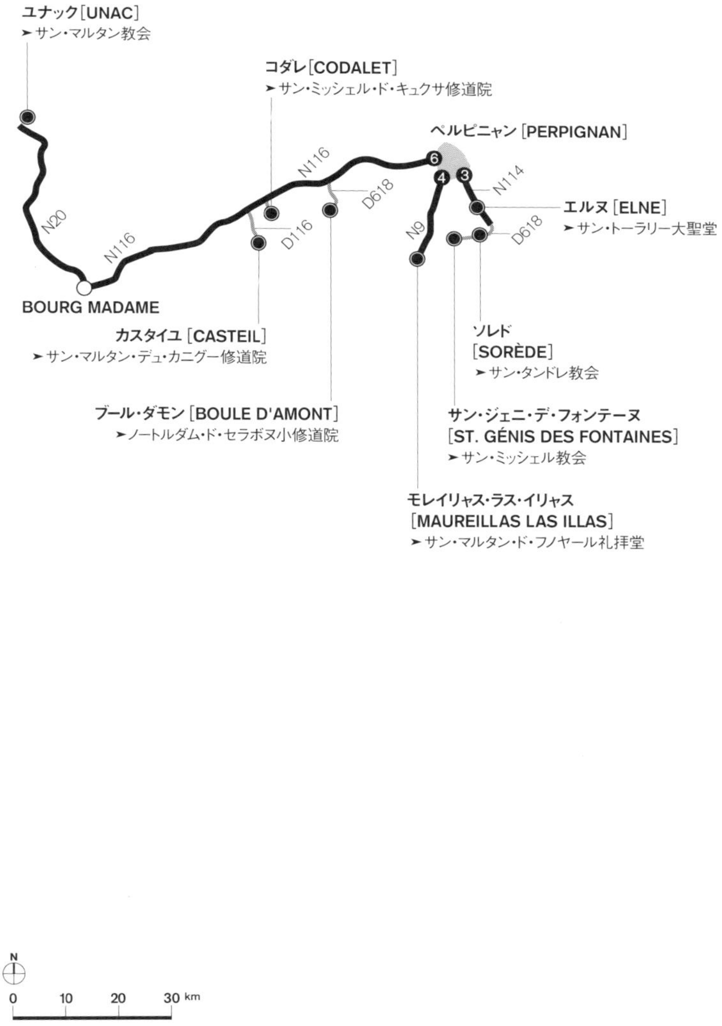

ユナック [UNAC]
➤サン・マルタン教会
コダレ [CODALET]
➤サン・ミッシェル・ド・キュクサ修道院
ペルピニャン [PERPIGNAN]
6
4
3
N114
エルヌ [ELNE]
➤サン・トーラリー大聖堂
N116
D618
D116
N9
D618
N20
N116
BOURG MADAME
カスタイユ [CASTEIL]
➤サン・マルタン・デュ・カニグー修道院
ソレド
[SORÈDE]
➤サン・タンドレ教会
ブール・ダモン [BOULE D'AMONT]
➤ノートルダム・ド・セラボヌ小修道院
サン・ジェニ・デ・フォンテーヌ
[ST. GÉNIS DES FONTAINES]
➤サン・ミッシェル教会
モレイリャス・ラス・イリャス
[MAUREILLAS LAS ILLAS]
➤サン・マルタン・ド・フノヤール礼拝堂
N
0
10
20
30 km

[エルヌ] Elne

➤サン・トーラリー大聖堂

Ancienne Cathédrale Sainte Eulalie

ルシヨン・ロマネスクの
代表的彫刻をもつ中庭。

歴史

コンスタンティヌス帝の母エレーヌの名をとったこの地は，古くは西ゴート族との領地区分の境界にあって政治的に不安定な位置であり続け，その後も8世紀にはイスラム教徒の侵略をたびたび受けていた。10世紀から街と教会の運営はルシヨン公爵たちを中心とする貴族のものとなった。1056年のトゥールーズ調停による教会権力の独立へ向けた方向性も生まれたが，再建中だったカテドラルの財源のために貴族との関係を絶つことはなかった。1058年の竣工にはナルボンヌ大司教ジェローヌ，カルカッソンヌの司教，セルダーヌ公爵レモンらによって奉献式が行われた。1311年に司教レモンによって周歩回廊式の礼拝室を後陣に追加する工事が決定された。しかし経済的・政治的にペルピニャンが，マジョルカ王朝の権力を背景に強大化し，相対的にエルヌの地位が低下していったことによって，この後陣は2度にわたる建築工事を経ても結局高さ10mの壁を残すのみとなった。

概要

高台に建っていて要塞のような壁面を見せている。その背後には平野を見下ろすテラスがある。建築全体にオリジナルと補修部分が分かれるというよりも，建築家が変わることにより，彼らの考え方が少しずつ反映され続けたという経緯をたどっている。13―15世紀，南の側廊壁側に連続する礼拝室が建設され，また鐘楼がたびたび改修された以外は11世紀の部分を良く残しているが，その西半分と東半分では異なる意匠をもつこととなった。北側に豊かな彫刻をもち，通路が広くて骨太な中庭と，小さいがすばらしい博物館がある。柱頭彫刻はセラボヌやキュクサなどと比肩する内容をもつ。祭壇のテーブルはレモン司教が1069年にルシヨン公爵がもっていたテーブルの寄進を依頼したことによる。その装飾形式はナルボンヌ風とされている。

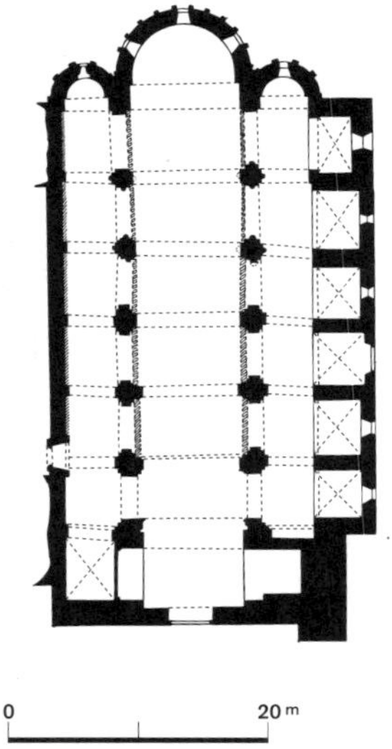

平面図

アクセス ➤ 地図 | p.109

ペリピニャンより南東へ12km。ペルピニャン[3]よりN114を南下，約13km。

1 | 緩やかな丘の街の頂部にあって周辺の農地を展望できる美しい立地にある。周囲はほとんど起伏はなく，戦略的な意味が理解できる。

2 | 整った意匠形式の中庭列柱回廊の柱頭彫刻。繊細な表現が見所。

3 | 中庭から西ファサードの鐘楼を見る。内部空間は質素な石積みによる構成だが，中庭は彫刻の豊かな対照的な空間となっている。

4 | 建設当初の小さな石積みに，後世に追加された大理石の入口が象嵌されている北側壁面。

1

2

3　4

[ソレド]
Sorède

➤サン・タンドレ教会

Eglise Saint André

**サン・ジェニと同時代の彫刻をもつ
典型的初期ロマネスク教会。**

歴史

記録によると9世紀には最初の教会が建設され，皇帝から独立特権を保証されていたことがわかっている。その後ルシヨン公爵夫人の1109年の寄贈によって1121年の竣工式を迎えている記録がある。考古学的な検討によると，建設時期は3つに分かれる。最初の時期は9世紀のサン・ジェニと同様の石の積み方によって全体に壁の下半分くらいまでが立ち上がり，しばらく時期をおいて種類の違う石によって梁下まで壁が進み，この時期に彫刻作品は壁に収められたと考えられる。しばらくおいて1109年から1121年の間に屋根が掛けられ完成した。

概要

まぐさ，祭壇，窓まわりの彫刻が特に興味深い。近隣のサン・ジェニ・デ・フォンテーヌの確定した建設時代から考察すると，これらの彫刻は1030年代のものと考えられる。可能性としては同じ作者であるかもしれないこのまぐさは，サン・ジェニよりは質が低く，6人の使徒の代わりに4聖人と2人の天使，ケルビンとセラフィムを描いているように，構成も変化している。西側窓まわりのロマネスク彫刻は特に窓台にあたる部分に興味深い4つのメダル状の装飾があり，中央の2人は角笛を吹く天使とその間に入ったセラフィム，そして両端にエゼキエル書と黙示録に象徴として登場する獅子と牡牛を描いている。祭壇は上面に彫刻が施されていることから，別の建築部品として作られたという仮説もある。いずれも初期ロマネスクの意匠として貴重な存在である。
外形はシンプルにまとまっているが，壁面の妙な場所に彫刻の断片や魚の骨が混入したりしていることから，歴史的にもかなり長い時間をかけて細かい石が積み上げられたことが判明する。時代を遡る想像力が喚起される壁面である。
聖水盤はロマネスク，壁画跡は13世紀のものである。

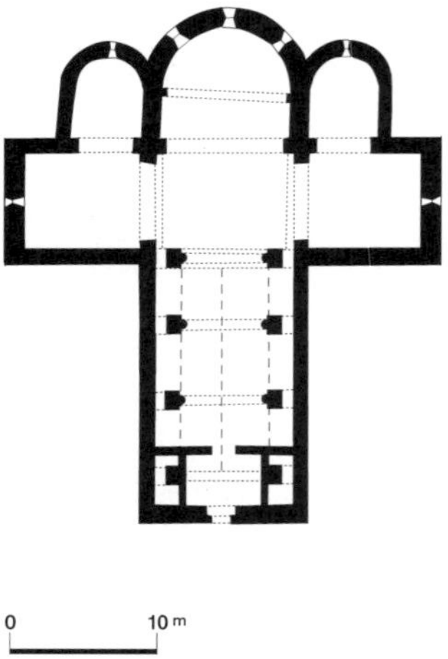

平面図

アクセス ➤ **地図** | p.**109**

エルヌより南へ7km。ペルピニャン[3]よりN114を南下，エルヌの先，約7kmでD618をle Boulou方面へ右折，約2.5km。拝観は夏季のみ。冬季はミサの時のみあけられる。

1 | 後背部を緑地側に向け，3つの半円形礼拝室ヴォリュームを誇示している。
2 | 街区に囲まれた小さな広場に面する西ファサードに嵌め込まれたまぐさ彫刻と小彫刻。
3 | 南側壁面に見る木と陰影の対話。

1

2

3

[サン・ジェニ・デ・フォンテーヌ]
Saint Génis des Fontaines

➤サン・ミッシェル教会

Eglise Saint Michel

年代の確定した
ロマネスク最古のまぐさ彫刻。

歴史

最初の教会は僧サンティミールによって9世紀はじめまでに建設されているが，ノルマン人の侵入で破壊され，再建はルシヨン公爵ゴーフレ1世によって10世紀にはじめられた。その後も11世紀から12世紀に渡って建設が続けられ，1127年と1153年にエルヌとカルカッソンヌの司教出席のもとに竣工式が行われている。建設はルシヨン公とエルヌ司教によって行われたが，1088年の教皇ウルバヌス2世の決定によりクリュニーに所属するところとなった。1435年には教皇の決定でモンセラートとの合併が行われ，ピレネー協定によってルシヨンがフランスに帰属してもこの関係は保持された。

概要

何にもまして興味深いのは西側正面の扉の上にあるまぐさの彫刻である。彫刻上部に「王ロベールの統治24年目に，神の加護のもと，修道士ギヨームの命によってフォンテーヌと呼ばれるサン・ジェニ修道院の栄光のため，この作品は作られた」と刻まれていることから，この年が1020年ということが判明する。果たしてこの彫刻がまぐさとして作られたものかは定かでない。建設資金調達のための売却用作品だったという説もある。いずれにしてもロマネスク彫刻の最古の例として貴重な存在である。ナイーブでありながら浅彫りの表現のなかに衣類の的確なしわが表現され，現代的な目で見れば彫刻作品というよりはグラフィックに近い作品とも思える。
内陣が10世紀の部分を残していると言われるが，礼拝室の奥行きおよびプロポーションが同じ時代と考えられるキュクサに類似し，石工事における建築技術としてはサン・タンドレ・ド・ソレドに非常によく似ている。中庭は13世紀後半の建設だが，今世紀の修復で復元されたものである。柱頭彫刻は時代にばらつきがあり，プリミティヴなカタルーニャ風が中心で，3色の近郊の大理石が使われている。まぐさ彫刻はすぐ近くのソレドにあるサン・タンドレと比較されたい。

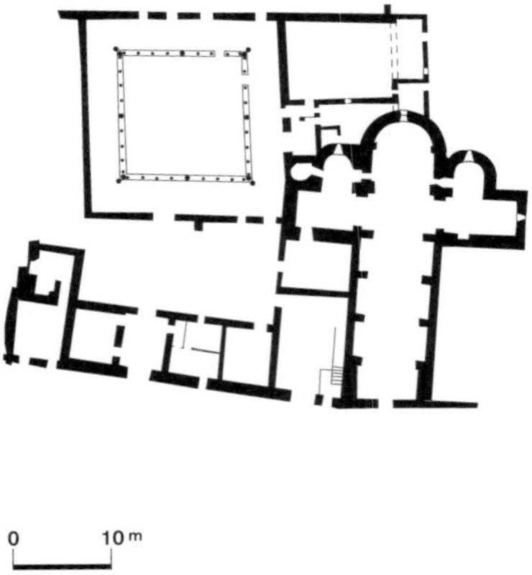

平面図

アクセス ➤**地図** | p.**109**
エルヌより南西へ12km。サン・タンドレ教会より約4km先の同じ道路沿い。

1 | 西側ファサードのまぐさ彫刻詳細。中央のキリストの両脇にαとωの文字，両側に2人の天使が薄彫りで描かれている。上部の文字が年代を確定する手がかりとなるもの。
2 | まぐさの全景。両側に描かれているのは6人の使徒。少々とってつけた感じがあり，教会の門飾りとしては貧弱だが，審判を下すキリストが門の中心にあるのは題材としてふさわしい。

1

2

[モレイリャス・ラス・イリャス]
Maureillas las Illas

➤サン・マルタン・ド・フノヤール礼拝堂

Chapelle Saint Martin de Fenollar

鮮やかでプリミティヴな
カタルーニャ風ロマネスク絵画の世界。

歴史

844年にはこの地に教会のあったことが知られているが，内部の装飾は，バルセロナ伯爵の娘マオーとカステルノー子爵ゴーベール・ギレームが結婚した際に，バルセロナ伯爵が加護していたアルル・シュール・テック僧院に属するフノヤールに装飾を寄贈したのがその起源ではないかとされている。したがって12世紀中期の作であろう。

概要

外観は農家の倉庫のように見える田舎風建物。空間としては小さな四角い部屋で，半円筒ヴォールトの下に2本の梁と大アーチを渡すのみ。入口は南側に1つだけある。
いったん中に入れば色彩の世界が待っている。強烈な色使いで力強いタッチの壁画はカタルーニャ風の発想であろう。壁画の内容は最後の審判を中心として周囲を聖書のテーマからの物語で埋めている。輪郭をしっかりとったプリミティヴで土着的な画風は教育的効果を期待した聖書物語である。農家として使われていた近年，内陣に穴をあけて扉を貫通させたことによって大きな壁画が失われた。この壁画はピカソやブラックに影響を与えたとも言われている。

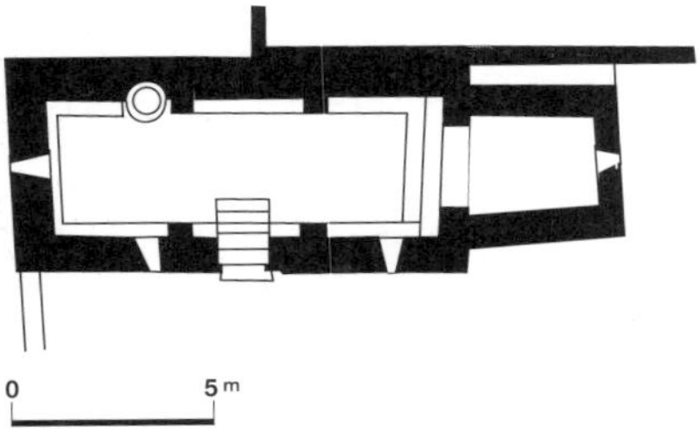

平面図

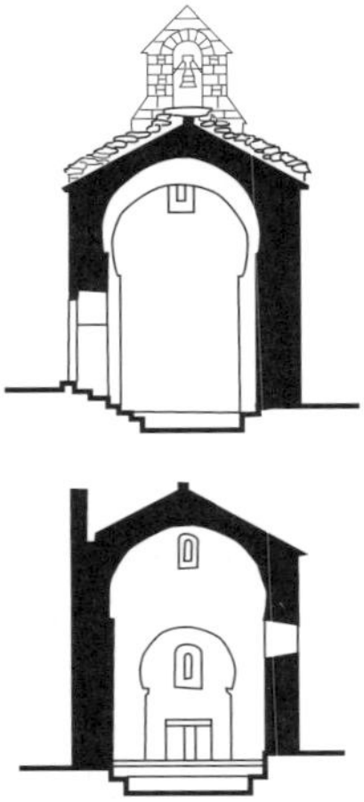

断面図

アクセス

➤地図 | p.109

ペルピニャンより南へ24km。ペルピニャン[4]よりN9を南下，約25kmでle Boulouを過ぎ，約2kmで高速道路とクロスするその手前約300mを右折，川を渡ってすぐ。道路よりのアプローチが分かりづらいし，礼拝堂自体も非常に小さいので見落としやすい。

1 | 教会西面。周囲は平坦な畑が広がり，周辺には建築物はない。鐘を見せている造作がなければ教会であるとは認識できない。

2 | 南側外壁に入口と小さな開口部。全部で4つの小さな開口部で十分な採光が得られている。

1

2

[ブール・ダモン]
Boule D'Amont

➤ノートルダム・ド・セラボヌ小修道院

Prieure Notre Dame de Serrabone

絶景の山頂にひっそり建つ素朴な教会。
必見の柱頭彫刻と変化に富んだ空間構成。

歴史

11世紀はじめころより修道僧数人が細々と自給自足の生活をこの地ではじめていたが，セルダーニュ子爵レモン・ベルナールらの出資で1082年，修道院が建設され，エルヌ司教の承認を得た。最初の20年間にここで10人が亡くなったという記録があるが，その中には最初の修道士とその5人の仲間のほかに，エルサレムから巡礼で来た2人のシスターも含まれていた。その後，外来者の増大のために施設の拡大が必要になった。1152年の竣工式にはエルヌ司教，キュクサ修道院長，アルル・シュール・テック修道院長ら多くの人が集まった。この計画はセラボヌの住人たちのコンペで決定され小修道院長ピエール・ベルナールによって工事が行われた。13世紀以降は没落の道をたどり，1348年のペスト大流行で致命的な被害を受けている。

概要

セラボヌ，すなわち「良い山」は，かつては豊穣な山であり自給自足で栄えた場所である。今でも晴れた日に周囲を散策するとそのことが即座に納得できるほど，本当に良い山である。そんな美しい野生の自然の中に単純な形状の印象的な赤茶色の片岩による建築が際立った姿をみせている。

教会は，大きくは2期に渡って建設されているが，最初に建築された身廊部分と，それをとりまく第2期の側廊，後陣，ギャラリーによる入れ子構造になっていて，変化に富んだ空間を形成している。谷をはさんだ対岸が遠望できる気持ちよいギャラリー，強烈な迫力をもつ片岩の塊である内陣，そして身廊中央には独立柱群によるトリビューンが割り込み，実に変化に富んだ空間展開を楽しむことができる。トリビューンに合わせて北側の入口が作られたことによって，この空間が独立柱群を核とするナルテックスに変化し，空間全体の中心を占める入口空間として機能し，一種の結節点になっているのである。

その大理石の柱頭彫刻および柱脚彫刻は，他に類を見ないオリジナリティーにあふれた見事な深彫り彫刻である。人間と動物が絡み合い，異様な迫力をもっている。キュクサにある彫刻との類似性から，キュクサに作られたものがここに移設された可能性があるという説もある。比較してみるとおもしろい。

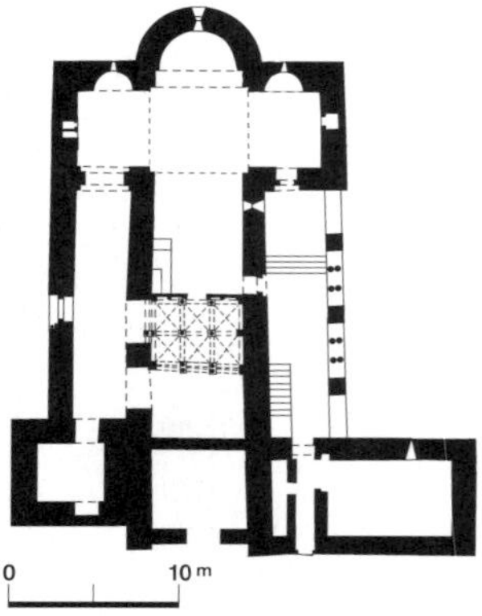

平面図

アクセス ➤ 地図 | p.109

ペルピニャン[6]よりN116を西へ，約18kmでIlle-s-Têtに，その先約3kmで左にBouleternèreのサインあり。それを左折D618に入る，しばらく川沿いの道から九十九折りの山道を登って行くと右にセラボヌ小修道院のサイン。道幅が狭く運転には注意。

---

1 | 教会西側。山の頂上に位置し，南側に向かいの山と谷を展望するギャラリーが開ける。

2 | 土地の硬質な粗い割肌の石を積み上げた壁面のテクスチャーが限られた開口部からの採光を美しく受け止める。

1

2

3

4

3｜中央に割り込む空間的な結節点となったトリビューン。繊細な彫刻が美しい。

4｜繊細な大理石の柱の意匠と粗い壁面の組合せが，特異な空間をつくりだしている。

5｜柱頭彫刻は主に迫力ある表現をもったさまざまな動物である。

6｜空間構成はきわめて単純で半円を基本とするアーチのみで構成されている。

5

6

[コダレ]
Codalet

➤サン・ミッシェル・ド・キュクサ修道院

Ancienne Abbatiale Saint Michel de Cuxa

ロマネスク以前の遺構からロマネスクへの掛け橋となる原始的で力強い構造体。

歴史

最初の教会はセルダーニュ公爵セニオフレードの出資によって作られた953年奉献のサン・ジェルマン教会だが，現在その痕跡はほとんど存在しない。彼はその規模に満足せず，同時に存在していた天使ミカエルに捧げた礼拝堂の拡張を呼びかけた。修道院長ポンスは956年から工事を開始し，彼の死後ガリンに受け継がれ，975年に7人の司教たちのもとで奉献式をあげた。修道院長オリバ（1008―1046）はさらに内陣の拡張と西側傾斜地を利用したクリプトの拡張工事を行っている。中庭の建設は1130―1140年頃とされている。

概要

カニグー山のふもと，畑の広がる牧歌的な環境にあって，小さな石を積み重ねたプリミティヴな姿を穏やかな起伏のある大地から立ち上がらせている。
クリプトは聖母に捧げられた教会を意図したものであり，キリストの生地ベツレヘムをイメージする象徴的な空間として作られている。上部教会は，ほとんど装飾的な要素のない静かな内部空間に馬蹄形の半円を越える形状でイスラム風アーチが展開され，当時のイスラム勢力範囲が間近にあったこと，コルドバの著名な意匠的要素の影響範囲などをみると，イスラム教徒との人的な交流もこの地には十分あったと連想させる興味深い要素となっている。
内陣後背部の3つの礼拝室には，この土地の聖人フラミディアンと聖ナゼール，そして聖ヴァランタン（ヴァレンタイン）らの遺体を納めている。中庭は革命まではほとんど無傷で残っていたという記録があり，国立文書館には1779年ころの膨大な図面記録が残されている。この柱頭群は12世紀ルシヨン地区における彫刻芸術のレベルを端的に表現したすばらしい時代の証言であり，セラボヌの柱頭と合わせて鑑賞されたい。ただし革命以後，鐘楼の崩壊などにあい，かなりの損傷と損失をこうむっているために，後補の部材も多い。題材は植物，動物が中心で，聖人，天使以外に人物彫刻はなく，聖書の物語は存在しないのが印象的である。
ロマネスク前から初期ロマネスクへと変化してゆく時代の双方の空間と彫刻が体験できる貴重な遺構と言える。

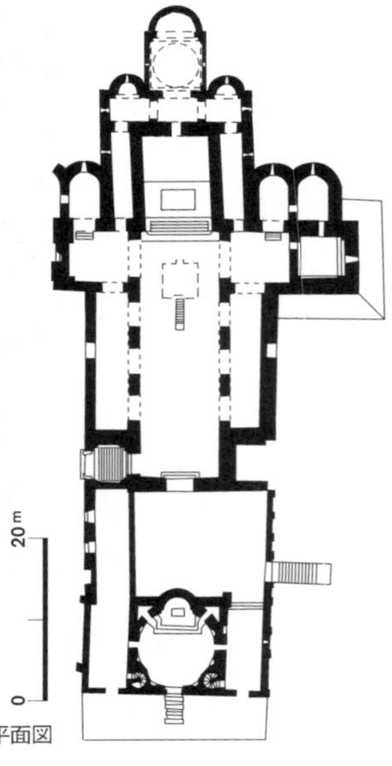

平面図

アクセス

➤地図 | p.109

ペルピニャン[6]よりN116を西へ約50kmでPradesの町に。PradesよりD27に乗り換えて約3km。

1 | 起伏のある山間地の川沿いに位置する。強烈な存在感をもつ鐘楼が目印。
2 | 半分を失ってしまった中庭回廊側から雪に覆われたピレネー山脈を見る。小さな石を積み上げた簡素な壁面は緑豊かな自然に映える。

1

2

3

4

3 | 中庭回廊の列柱彫刻。セラボヌにも通じる動物を中心とした彫刻が多い。

4 | 修復による中庭回廊。

5 | 中心に柱のある，神秘的な円形地下クリプトからアプローチする。

6 | 初期ロマネスク教会らしく，ほとんど彫刻などの装飾はなく，巨大な量塊を表現した柱に，わずかに180度を越える馬蹄形アーチを載せている。アーチの大きさもまばらで，荒々しく原始的な空間を感じる。

5

6

[カスタイユ] Casteil ➤サン・マルタン・デュ・カニグー修道院

Abbatiale Saint Martin du Canigou

絶景の岩棚に建設された
南部最初のロマネスク教会。

歴史

997年にはじまった教会建設は，たびたび行われたギフレード公爵と夫人ギスラの寄付によって進み，最後に1007年の寄付によって1009年11月，エルヌ司教オリバのもと献納式が行われた。教会の建設は基本的に公爵夫妻の指示によって行われていた。2期工事以降，1014年，1026年に竣工式が行われている。1049年の公爵死去によって遺産は分散し，カニグーは徐々に衰退した。この頃からイスラム教徒との領地争いの前線にあって緊迫した状況下におかれることになった。1428年には地震によって大きな被害を受け，エルヌ司教の命で修復が行われたが，1438年になっても大部分は修復の成果を挙げられずにいたとされている。

概要

2つの谷が出あう岩棚にあって，山道を3km昇るのが唯一のアクセス。教会からさらに5分急な登山道を上ると，修道院の全体が標高1094メートルに鷲の巣のように孤立しているピクチャレスクな全景を見渡す絶好のポイントにたどり着く。
教会は上下2層に重ね合わされている。下が聖母マリアを奉る教会，上がサン・マルタン教会。上下ともに西半分と東半分が2期に分かれて工事されており，初めから重層的な空間が計画されていたことになる。
上の教会はビザンチン風のディテールをもった柱と壁の接合部が印象的な神秘的空間。きわめて限られた求心的な採光によって視線は内陣へと向かう。息をのむような深遠な空間である。下の教会は一種のクリプトであり，他にもいくつか類例が見られるようなベツレヘム岩窟のイメージを追求した聖なる空間である。
中庭の回廊は長いあいだ放置された後に自由でラジカルな修復がなされた結果，必ずしもオリジナルの状態を知ることは難しくなったが，特殊な動物描写や「悪徳」などのユニークな題材をもつ柱頭はサン・ジェニ・デ・フォンテーヌの中庭柱頭のテーマと同じものが混じっており，1170年頃の作品と思われる。ここは中庭というよりは，地形に合わせ，大自然を眼下にする回廊という名の精神高揚の場であるように思えてならない。

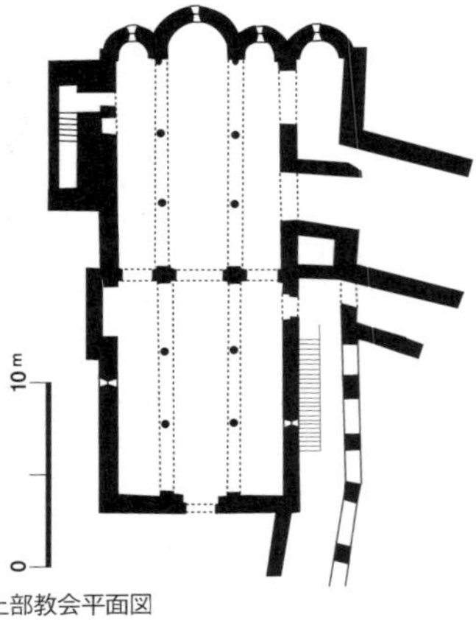

上部教会平面図

アクセス ➤地図 | p.109

Vernet les Bainsより南東へ5km。PradesよりN116を西へ，約6km先のVillefranche de ConflentでD116へ左折，Vernet les Bainsの先で車を置いて，45分ほど急な山道を登る。かなりの急坂。Vernet les Bainsで4WDのジープをチャーターすることが可能な場合もある。

1 | 修道院から5分ほど山道を登ると，岩峰の頂部にある修道院の迫力ある光景を臨む岩棚に出る。特に秋の紅葉期が美しい。

2 | 中庭回廊。傾斜地にあって教会方向へ段差を作りながら昇る。

1

2

3

4

3｜中庭回廊から谷側を見る。柱頭彫刻は聖書の内容や動物，悪魔などさまざまなテーマを描く。

4｜九十九折りの山道を登りきると教会の後背部に出る。

5｜クリプトは聖母を奉る洞窟空間。初源的な荒々しさが特徴。

6｜礼拝室は小さな石を平滑に積み上げ，開口部の少ない，神秘的な光を体験できる空間。

5

6

Languedoc, Roussillon ……………………その他の見所

ルシヨン―ピレネーで足を伸ばすなら

ペルピニャンの北西60kmにあるカルカッソンヌは，ほぼ完璧な形で残る貴重な中世城塞都市である。少々観光化してはいるが必見の街である。本書でそのカテドラルを紹介しているエルヌは人口6000人くらいの小さな町で，ここにある2つ星ホテル「ウィークエンド」はピレネーへの旅の拠点として親切なサービスでお勧め。エルヌから車で20分のコリウールという港町は，すばらしい海岸をもつリゾート地である。糸杉に守られた漆喰の家，明るい配色の漁船などがピクチャレスクに並ぶ風景は，この地域ならではのもの。ここから先はリアス式海岸の入り江に漁港が点在する風景がスペインのコスタ·ブラバまで続き，もはやカタルーニャにいる雰囲気すら感じる場所である。
プラドからユナックへのピレネー山中は，5月頃でも雪の降ることがあり運転には注意が必要。峠を越えてスペイン国境へ向かうピレネー山中に，アンドラ公国という小さな国があり，フランスとは異なる独特のロマネスク教会や壁画がある。10月の紅葉の時期がお勧めである。なおアンドラはフリー·ポートの国なので，ヴァカンス時期には，ヨーロッパ全域からの買い物客で混雑する。

LIST ……その他の主な教会

[Corneilla de Conflent] ➤ Eglise Sainte Marie
[Arles sur Tech] ➤ Abbatiale Sainte Marie

section 2
chapter 5

アキテーヌ地方

山間に潜む教会堂

5_ Aquitaine Pyrénées
アキテーヌ地方とピレネー地方のロマネスク教会

ここで扱うのは一般にBasses Pyrénées(低いピレネー，すなわちピレネー山麓部分)と呼ばれるポーを中心とする大西洋側地域と，Hautes Pyrénées(高いピレネー，すなわちピレネー山腹部分)と呼ばれるサン・ベルトラン・ド・コマンジュを中心とするガロンヌ川上流地域である。この地域は，地中海側を除き一般的に4本といわれるコンポステーラへの巡礼路が必ず通過することが条件づけられた土地であり，スペイン側からの影響も見られる一方で，同時に山の中にあって新しい建築様式が伝わりにくく，意匠的に保守的な面ももっている特殊な地域である。ルシヨンに比べて初期ロマネスク教会はほとんどなく，11世紀から12世紀の建築が大部分を占める。ヴァルカブレールには多くのローマ時代起源の部品が使用されているが，教会自体は初期ロマネスクまでは遡らず，唯一サン・タヴァンタンが古い部分を残しているにとどまる。最も印象的なのはオロロン・サント・マリーのサント・クロワ教会とオピタル・サン・ブレーズの交差部に架かるドームの星型アーチであり，これらとコルドバやトレドにある同じ表現との関係は興味深く，スペインからのイスラム様式の流れが痕跡として残っていると考えられる。オロロンのサント・マリー大聖堂入口の彫刻もまた，カリヨン・デ・ロス・コンデスの教会との関連を指摘されていて，その他レカールやサン・タヴァンタンなどの一部にもスペインからの意匠的な影響を雄弁に語っている部分が残っている。
また一方ではトゥールーズのサン・セルナンに残る彫刻とオロロン・サント・マリー，モルラアス，レカール，サン・ベルトラン・ド・コマンジュなどに残る彫刻との類似性も明らかに存在し，わずかに残る壁画の影響力を含めてトゥールーズ文化圏を形成しているともいえる。ユナックもこうしたそれぞれの意匠要素を取り入れたことを示す好例である。ここにはルシヨンや西部フランスからの影響力と，スペインからの影響力が交錯し，融合した文化が醸し出されたといえるし，コンポステーラへと向かう力の生み出した地域ということができるだろう。

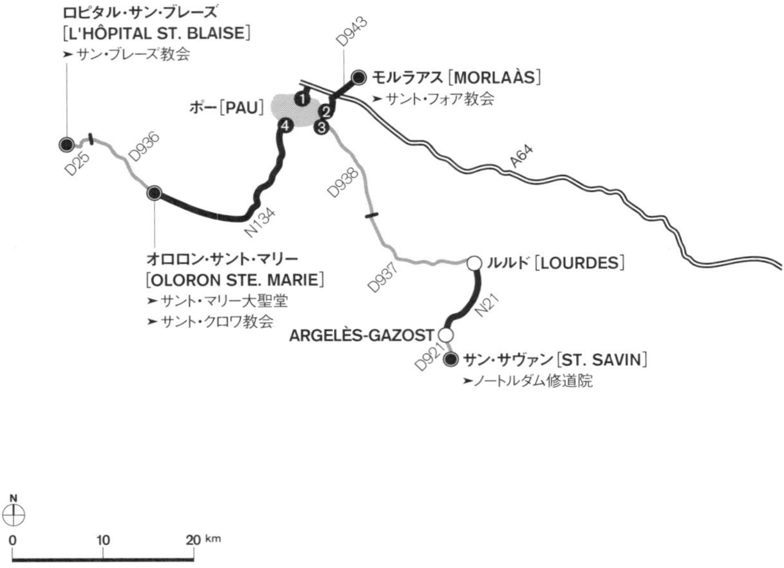

この地域で独自の表現と思われるのは，こうした影響関係下に生まれたモニュメンタルな彫刻であろう。サン・ベルトラン・ド・コマンジュの中庭にみられる柱や彫刻は，その最も雄弁な表現である。オロロン・サント・マリーの大聖堂入口彫刻も突出した騎馬像などを配した独特のモニュメンタリティーをもつ構成で，モルラアスを含め必見である。
こうした地域独特の表現は，美しくパノラミックな自然の中にあってこそ，その魅力が輝くのであって，オート・ピレネーにあっては険しく深い山間を背景として，バス・ピレネーにあっては天国のように穏やかに連なる丘陵地の緑の只中にあって，どの教会も強烈な存在感を示しているのである。

主要都市｜Aquitaine, Pyrénées｜

1 ポー［PAU］
2 ルルド［LOURDES］
3 サン・ベルトラン・ド・コマンジュ［SAINT BERTRAND DE COMMINGES］
4 トゥールーズ［TOULOUSE］

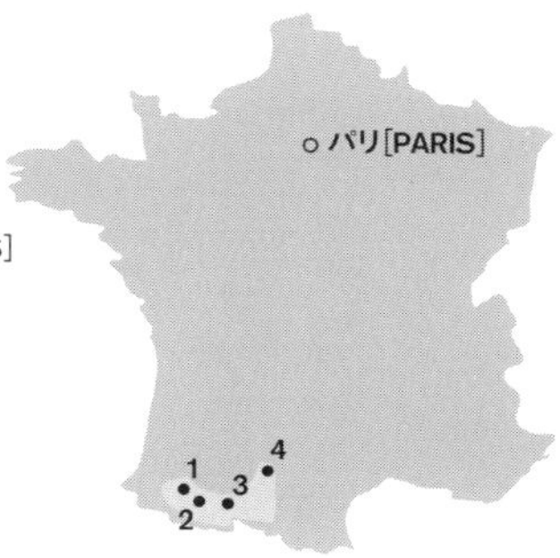

route map ｜ **Aquitaine, Pyrénées**

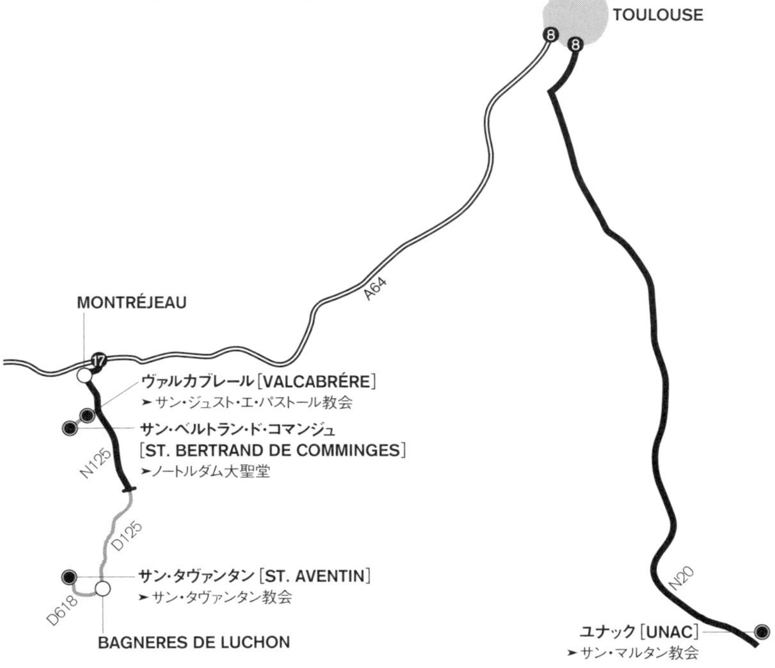

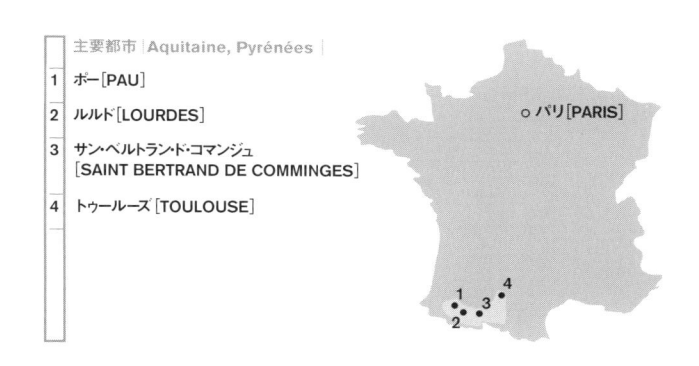

[ユナック]
Unac

➤サン・マルタン教会

Eglise Saint Martin

美しいアリエージュの谷に立ち上がる鐘楼。
深く刻まれた独特の柱頭彫刻。

歴史

1076年，フォワのロジェール2世伯爵夫妻がロルダ城などとともにクリュニーに譲渡することによって1075年よりもっていた修道院の収益権を安堵されたとされる。この教会は伯爵自身による建設である。クリュニーの支配はさほど長くは続かず，1104年よりユナックの司祭，エティエンヌ・ラグスタはフォワのサン・ヴォリュジアンの参事会員となると，この教会を譲り受け，その後1224年にローマ教皇オノリウス3世に所有権が委譲された。

概要

脇にアリエージュの谷が迫るすばらしい景観の地点に立っている，美しい鐘楼をもった教会。スペイン国境であるモン・セギュールの近くにあることからも，カタルーニャの激しい戦争に巻き込まれ，その偶然の結果に翻弄されたことは容易に想像できる。修道院は，山並みを背景に顕著に建ち上がる鞍形の屋根を載せた正方形平面の鐘楼と，比較的小型の石積みにわずかな開口部が穿たれた彫塑的な壁面によるヴォリュームとの組合せで構成されている。アプローチがまず後背部に向かうことからも，後背部の彫刻的な構成を見せ場としていることが分かる。外部の装飾的要素はここに収斂されている。構造部分は11世紀創建当初からの西側と12世紀に改修された東側という2つに分けることはできるが，数々の修復を受けながらも内陣の装飾はほぼオリジナルを保っている。特に内陣のペア柱の柱頭は，トゥールーズのサン・セルナンの彫刻に影響を受けながらも棕櫚の葉の大胆な浮彫りにオリジナリティーが見られる。1999年現在，修復中。

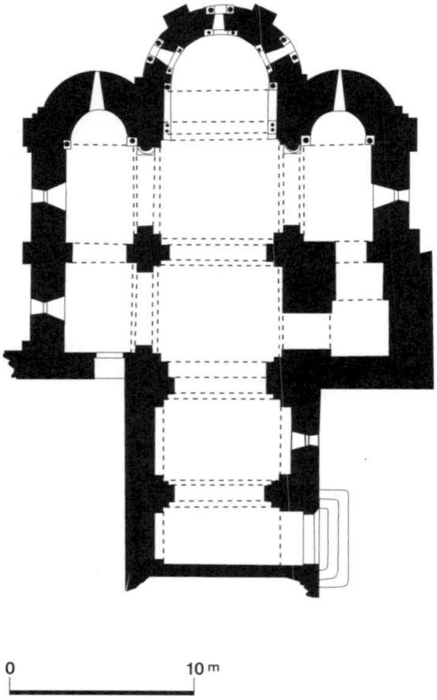

平面図

アクセス ➤ **地図** | p.**133**

トゥールーズ[8]よりN20でFoix(フォワ)を経由して約100km，左側にユナックのサインあり。国道より教会の姿を望める。

1 | 集落の最上部に位置し，谷の対岸を背景にする教会の遠景。

2 | 均整の取れた後背部の礼拝室によるヴォリュームと鐘楼の組合せ。西側は別建物と合体し，実質的なファサードがないため，後背部が教会の顔となっている。

1

2

[サン・タヴァンタン]
Saint Aventin

➤サン・タヴァンタン教会

Eglise Saint Aventin

谷間の傾斜地にひっそりと建つ
彫刻のちりばめられた石の量塊。

歴史

聖アヴァンタンはイスラムとの宗教戦争のなかで813年に殉教した聖人であり，その約3世紀後にサン・ベルトランの司教によって彼の遺物を収める礼拝堂が現在の教会から1kmほど離れた地に建設され，それから間もなくこの地に教会が建設されることになったという言い伝えがあるが，初期ロマネスクの様式から11世紀中に建設されたとみられる。2つの塔が時代の違う様式を見せており，内陣側にあるものが最初とみてよい。

概要

盛期ロマネスクの記念碑的存在であるこの教会は，急斜面にひろがる村の頂部テラスにある。山間の田舎風教会であるが，土地の石を固めたような量塊は自然の中に柔らかく溶け込み，西正面から見た鐘楼だけがその存在を主張しているかのようにみえる。まずは周囲を散策して谷あいの美しい自然の只中にある教会の外観を村とともに距離をおいて眺めたい。
南面玄関は帯状アーチを回し，2組の葉飾りのある柱頭で大理石のタンパンを支えている。中央の彫刻は4聖人とキリストであり，手にもつ本に記載される言葉はヴァルカブレールにある彫刻と一致する。これはまたトゥールーズ，サン・セルナンの西門彫刻に類似していて，同時期に同じ工房で製作されていたという説もある。柱には聖母子像のレリーフがあって，母子ともに象徴的に指を立てながら獣の上に立つ威厳のある姿が描かれている。この南側壁には先行する建物の断片を利用したと思われるいくつかの浮彫りがはめ込まれており，この土地に当時残っていたガリア・ローマ時代の雰囲気を伝えている。ロマネスクの壁画は，1877年の修復によってプラスターの塗りこめられていた壁から発見された。後陣窓両脇に2人の聖人が描かれているのは，一方が聖アヴァンタン，もう一方はトゥールーズの聖セルナンである。ここにもトゥールーズとの関連が語られているのである。

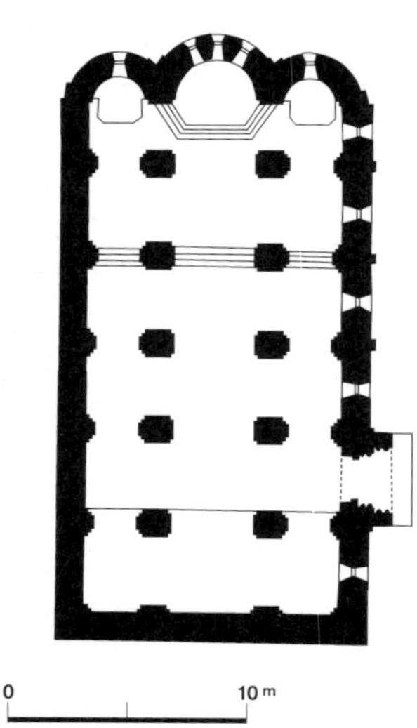

平面図

アクセス

➤地図 | p.133

MontréjeauよりN125，D125を乗り継いでBagnères de Luchonの村に入り，D618を右折，約6km走った右上方に教会はある。アプローチ道路が分かりづらいので通り過ぎないように。教会の鍵は司祭館にあるが，通常日曜日のミサにのみ教会は開かれると考えたほうが良い。

1 | 壁画で埋められていたであろう内部空間。暗く神秘的。

2 | 幅の狭い傾斜地の棚状平地に建つ。後背部に墓地，深い谷川を隔てて対岸の緑を背景にする。

3 | 南側入口脇にある聖母子像。トゥールーズの彫刻に似た表現。

1

2　3

[サン・ベルトラン・ド・コマンジュ]
Saint Bertrand de Comminges

➤ノートルダム大聖堂

Ancienne Cathérdale Notre Dame

アクロポリスを連想させる丘の上の大聖堂。
中庭からのピレネーの穏やかな景観。

歴史

ローマ時代にLugodunum Convenorumと呼ばれた場所であり,「コマンジュ」という地名のもとになった。フォーラム,神殿,浴場などの公共施設が数多くあり,4世紀以降はキリスト教の地となって司教も存在している。その後ヴァンダル族の侵入にあい,丘の上のみに集落が形成されることとなる。さらに西ゴート族の手に渡り,続いてフランク族の手に落ち,この間にほとんどのローマの施設は破壊されてしまった。1073年に裕福な家族の出身でトゥールーズの参事会員であったベルトラン・ド・リルがコマンジュの司教となり,教会の改革と同時に大聖堂および中庭の建設を行った。1123年に死去後まもなく教会は彼の名をとり,彼の固めた教会のコミュニティーはさらに堅固になってゆく。村も13世紀にはサン・ベルトランの名をつけることとなった。後に教皇クレメンテ5世となったベルトラン・ド・ゴが司教の時に身廊をロマネスクからゴシックへ改造し,ジャン・ド・モレオン(1523—1551)によって教会内部のルネッサンス式構成が追加された。

概要

中世の丘の町の頂点を飾っている。西ファサード前の階段は小広場へと下り,南側にロマネスクの中庭,外周は切り立った傾斜地である。丘の頂部は狭く,おそらく中庭が前提の計画であったことから,大きさと高さに対して単廊式で幅の狭い構成になったと思われる。しかし中庭からのピレネーの展望はすばらしく,その空間配分にも十分納得できる。中庭は西側の柱列が最も原型をとどめていて,特に聖人の柱に注目したい。他にあまり類を見ない人物柱はヴァルカブレールの入口両側にある彫刻にのみ比較できる表現といえよう。正面破風飾りの周囲から柱頭まわりは,おそらくトゥールーズのサン・セルナンにみられる彫刻に影響を受けている。タンパンの右寄りに描かれているのが聖ベルトランであり,後輪が示されていないことから彼が正式に聖人として認められる1218年以前の彫刻であることが知れる。

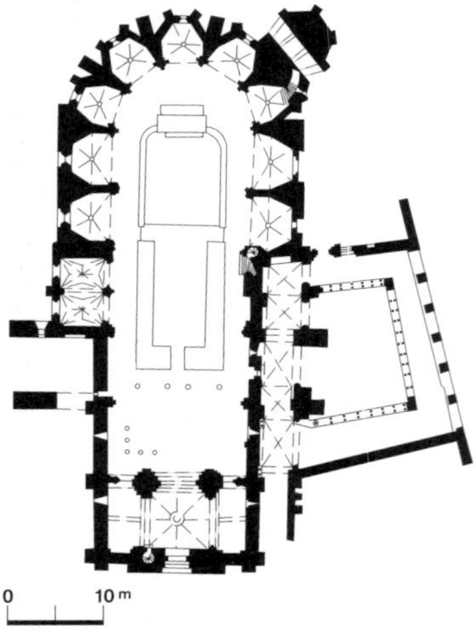

平面図

アクセス ➤ 地図 | p.133

サン・ジュスト・エ・パストール教会より約2km,高台に見えてくる。この村も人口250人くらいののどかな村なので,聖堂前のホテルに泊まるのも価値がある。村には2軒のホテルあり。

1 | 中庭回廊の列柱彫刻。1カ所だけ人物柱があり,ローマ彫刻のような古代的な表現を持つ。

2 | 丘の上に顕著にそそり立つ教会の全景。急峻な丘の上の要塞にみえる。

3 | 正面タンパン彫刻。中央に聖母子,右に聖ベルトランの立像。ベルトランの頭に輪がないことから,聖人と見なされる前につくられた作品であることが分かる。

1

2　3

[ヴァルカブレール] Valcabrére ➤サン・ジュスト・エ・パストール教会

Eglise Saints Just et Pastor

歴史のパズルのような断片が織り込まれた
力強いローマ風教会。

歴史

この地はルグドゥヌムト(Lugdunumto)と呼ばれる丘を囲む町として古代ローマから存在しガリア・ローマの首都として，広場，浴場，劇場，市場などの公共施設をもっていた。5世紀に他民族の侵入を受け，丘の上の集落を残していったん滅びるが，11世紀に後の聖人ベルトランがくることによって町は活気を取り戻した。この地はもともと墓地であった場所であり，教会の入口には347年の年号を刻んだ墓石が埋め込まれている。11世紀の中頃に建設され，1世紀を経て平らな天井からヴォールトに変更されたと考えられている。丘の上の教会がサン・ベルトラン教会となるまではここがカテドラルであった。

概要

丘の上のサン・ベルトラン・ド・コマンジュを間近に見ると，互いの空間配置から生まれる緊張関係の中に，かつてあったであろう都市の断片が散在している遺跡から立ち上がってくるように感じられる。ローマ建築の雰囲気を残した大きなアーチを連続させた量塊を強調する後背部の構成に，単純な正方形平面の鐘楼が組み合わさって幾何学的な強さを雄大な自然と対比させている姿は，背景にサン・ベルトランの丘を重ね合わせることで，大自然の中に都市的なスケールを現出させるような幻想的風景を生み出すように感じられる。
内部はきわめて質素で不揃いだが，そこここに見られる彫刻の断片はローマ時代の遺跡から再利用された部品である。ローマ起源を思わせる低い床が印象的だが，数少ない小さな開口部と半円を基本とする幾何学的な構成が古代とロマネスクをリンクさせているように感じられる。玄関はタンパンの2連アーチと，4つの物語彫刻の柱頭，4本の人物彫刻柱で構成される。人物柱は外側に聖ジュスト，聖パストール，内側に聖エレーヌ，聖エチエンヌである。8世紀のものと思われる，後背部に印象的に展開する大理石の大アーチとニッチは，先行する修道院の遺跡の一部として機能していたものである。外観も過去の断片が織り込まれるように建築の一部となっているのである。時間が許せばゆっくりと周辺を散歩して，2つの教会を視野に入れながら，丘のふもとに，かつての都市を想像してみるのはいかがだろうか。

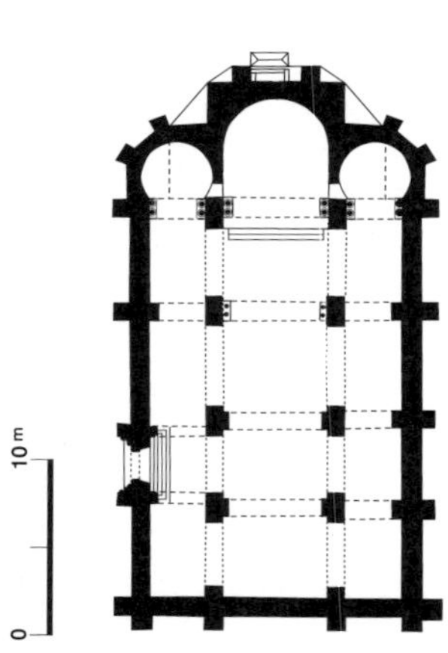

平面図

アクセス

➤地図 | p.133

Saint Bertrand de Comminges方向へ向かい，1つ手前の村はずれ。

1 | サン・ジュストの後背部と丘の上のサン・ベルトラン・ド・コマンジュを重ね合わせて見る。存在感のある鐘楼と彫りの深い後背部が美しい構成をみせる。

2 | 北側入口脇にある人物彫刻。右側の聖ヘレナと聖パストール。左には聖ジュストと聖エチエンヌ。

1

2

[モルラアス] Morlaàs ➤サント・フォワ教会 Eglise Saint Foy

ロマネスクの
代表的な破風彫刻。

歴史

1080年, ベアルンとオロロンの子爵であったサントゥーユ5世によって建設された。13世紀に最も充実した時期を迎えたが, その姿をとどめているのは後陣と礼拝室, そこにある2つの柱頭だけである。この柱頭がコンポステーラへの道を感じさせるのは, スペインのハカ大聖堂にきわめて類似した部分を見いだすことができるからである。

概要

この地域の印象的な町並みは, 屈曲した折返しが印象的な黒い屋根の連なりである。この屋根形式は教会にまで表現されていて, 牛が遊ぶ緑の丘陵地の背景に美しく映え, 地域のアイデンティティを形成するエレメントとなっている。
延々と続いた戦禍のため, 基本的に中世のものは正面入口とわずかな彫刻の断片しか残っていない。したがって建築空間として見るべきところはあまりないが, 物語を雄弁に語る6重のアーチの玄関が異彩を放っている。アーチごとに付柱が正確なリズムを刻み, 半円アーチとの組合せは全体の高さの半分より下に柱頭の位置を下げることによって石の重さを表現するとともに均整のとれた迫力を生み出している。その下段柱に絡んで12使徒, その上の小さな2連破風に聖書の挿話である幼児虐殺とエジプトへの避難が描かれ, 中央には聖書をもったキリストがマタイとヨハネの間に立ち, 黙示録の24老人が周辺に展開し, その上には鳥が大空に舞い植物が咲き乱れる。この門はヴィオレ・ル・デュクが修復の任を得たが, 幸か不幸か完全には業務を遂行しなかったようである。
教会の隣にはツーリスト・インフォメーションがあり, ロマネスク教会に関することや地域の情報が得られる。ここを起点に近辺に点在する小さいながらも珠玉の教会群を巡るのも良い。この地域の3種類のワイン巡りも忘れてはならない。

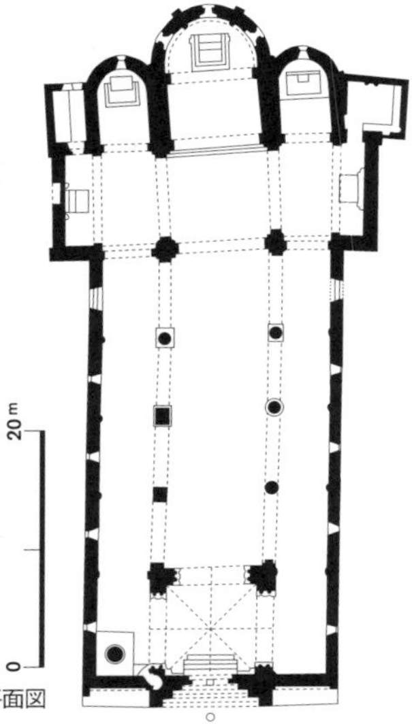

平面図

アクセス ➤地図 | p.132

ポーより北東, 約11km。ポー[2]よりD943に入って約20分。村のかなり手前で教会のサインが出るので注意。こぢんまりした村の真ん中にあり, 比較的分かりやすい。

1 | 正面タンパン彫刻。下2つのアーチ内には2つの聖書の挿話, 中央にキリストと聖マタイ, 聖ヨハネを描いている。

2 | 中央入口彫刻が完全な形で残されているが, それ以外の部分は後の再建による部分が多い。集落の中心にあって, 修道院施設を失った部分を広場として周囲に空間的な引きを持つ。

1

2

[サン・サヴァン] Saint Savin ➤ノートルダム修道院

Ancienne Abbatiale Notre Dame

ピクチャレスクな村に光る美しいシルエット。
幾何学的な解決による計画を体験したい。

歴史

ポワトー地方ガルタンプ河岸の著名なイタリア人サヴァンと同名であるが別人。こちらのサヴァンはカタルーニャ地方バルセロナで807年に生まれた修道僧がラヴダンに隠遁して聖人となった。トゥール司教，聖マルタンがコンスタンティヌス帝の家庭教師であったマグヌスの娘の病気を奇跡的に治したことに端を発した宗教施設であったが，サヴァンがここで活動した後，945年にラヴダン子爵の資金によってサン・マルタン修道院が建設され,1037年にサン・サヴァンへと改称された(村の改称は1168年)。1077年に温泉が発見され，温泉治療も行われたとされる。現在の建物は1114年頃から建設がはじまり，ほぼ12世紀いっぱい続いたとされている。百年戦争の時期にあたる14世紀に大きな防御上の改造がなされ，そのときに印象的な鐘楼や屋根は架け替えられた。温泉があることからも分かるように，しばしば地震の被害を受けている。1654年，1750年，1854年は，身廊の屋根が落ちるなどの大きな地震だった。

概要

ゆるやかなシルエットと交差部の短い鐘楼の上にある尖塔が広大なピレネーの谷を背景に際立っている。Argelès-Gazost方向から来れば突然後背部を回り込むことになるが，逆方向のPierrefitte-Nestalasから来るとピクチャレスクな村の全体像のなかに黒い教会の屋根と幾何学的な壁面が際立って見える。村の広場から見る南側立面の破風と鐘楼の重なるヴォリュームも美しい。

簡素な壁面とは対照的に表現主義的な正面玄関が印象的である。福音書4使徒に囲まれたキリストを描いているのは定例であるが，かなり個性的なナイーブさを見せている。

教会内部は完全な幾何学によって計画された例として知られる。身廊と翼廊の幅が3，ヴォールトの高さと内陣の奥行きが4，ドームの高さと翼廊の端から端までの長さが9などとなっているが，果たしてどのように感じられるだろうか。

参事会室へと続く旧修道院部分は現在は博物館となっていて，十字軍によって運ばれた黒いマリアの像，ロマネスク時代の聖水容器。ゴシックのキリスト木造，14世紀のオルガンなどの展示がある。

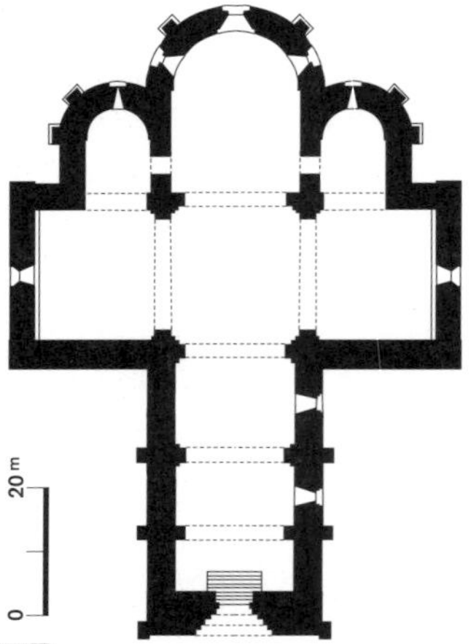

平面図

アクセス

➤ 地図 | p.132

ポー[3]よりD938でLourdes(ルルド)。N21，D921でArgelès-Gazost(アルジュレ-ガゾ)を過ぎ，しばらく行くと，右前方にサン・サヴァンの集落が見えてくる。道路より右に細い道を入って行く。

1 | アプローチ路からは後背部を回り込んで南面の面する村の中心広場に出る。後陣の礼拝室のヴォリュームが道に対する顔となり，広場からは尖塔へとピラミッド状に盛り上がるヴォリューム構成を見ることができる。

2 | 非常にシンプルな空間構成。ドームはゴシック時代に載せ替えたもの。

1

2

[オロロン・サント・マリー] Oloron Sainte Marie ➤サント・マリー大聖堂

Ancienne Cathédrale Sainte Marie

**民俗的な味わいのある
入口門の破風彫刻。**

歴史

教会のたどった歴史はサント・クロワ教会とほぼ同様である。町の再建は第1次十字軍が帰還した後の12世紀であり，大聖堂は1102年ころロジェール・ドゥ・サンティ司教によって建設がはじまり，13世紀まで続けられた。宗教戦争の破壊の後，1617年に身廊の大修復が行われた。こうした中でロマネスクからゴシックへの各時代の痕跡がさまざまに残されることとなった。

概要

建物は広場の中にあり，道路が周囲を回る。周辺の建築とは必ずしも時代的な連関をもった空間構成を見せていない。ロマネスクの時代に相当する部分は見事な彫刻のある入口門と交差部の一部のみで，身廊の柱が13世紀，それ以外のほとんどの部分は15世紀以降の建造である。内部は身廊以外に特に見るべきところはない。
興味の対象は数多くの人物が複雑に絡み合っている入口の破風彫刻に尽きる。中央部分がキリストを描いた信仰にまつわるものであるのに対し，周囲を巡るアーチ部分はより民俗的な表情を見せている。外側のアーチには黙示録の24老人たちの遊びと楽器を操る喜びが，内側のアーチには猪を仕留める者や魚をとる者，樽を作る者など，中世の庶民の活動がコミカルに描かれている。特にこの地域の料理を進める姿が描かれた内側部分に注目したい。当時のオロロンの谷には鮭が上っていたことも分かれば，チーズやハム，鴨などの食材がはっきりと見られ，衣類の様子も明快に理解できる。この中で最上部にいる黙想する人物が彫刻家本人，隅におかれた2人がその弟子とされている。
この破風彫刻を，おそらくその発想の原点となっているモワサックの彫刻，また同じ地域のモルラアスの彫刻などと比較しながら鑑賞されたい。

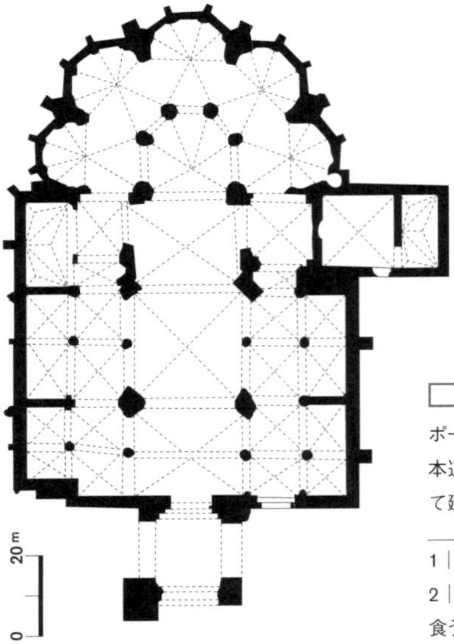

平面図

アクセス ➤ 地図 | p.132

ポー[4]より南西へ32km。ポーよりN134で一本道，約30分。サント・クロワ教会とは谷を隔てて建っている。

1 | ナルテックス正面タンパン彫刻全景。

2 | アーキヴォルト内側の彫刻詳細。人間を貪り食う獣。

3 | 窓間柱下部の柱を支える人物彫刻の詳細。

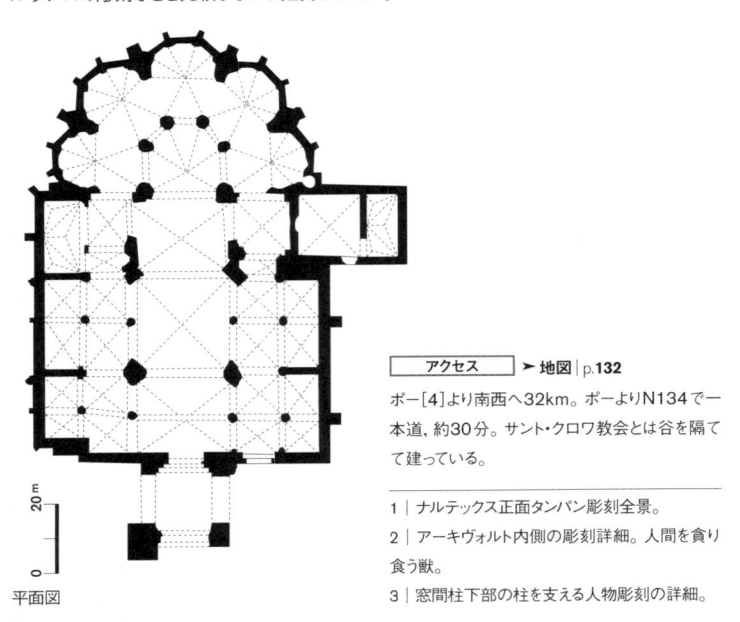

1

2 3

[オロロン・サント・マリー] Oloron Sainte Marie

➤サント・クロワ教会 Eglise Sainte Croix

質素で純粋な初期ロマネスクの
典型的な内部空間と質の高い柱頭彫刻。

歴史

ローマ時代の町イルロが起源である。848年ノルマン人の侵入によって破壊されたが，1080年ころ町は再建され，スペインの子爵ガストン4世の資金によってこの教会は成立した。教会の名前は第1次十字軍の後につけられたが，本当に十字架の遺物をもっているわけではない。1302年の落雷に遭った後背部は14世紀に再建されたが，1569年には宗教戦争によって再び大きな被害を受けている。

概要

街路に導かれた丘の頂上の古い街区にある。北側には道が通り，眺望のひらける道から広場へと連なり西ファサード前に出る。
残念ながら全体としてオリジナルな建築と見なすことはできないが，ピレネー地区における代表的なロマネスク建築であることに変わりはない。田舎風の外観，歪んだ形状や象徴的に散在する開口部，半円ヴォールトのみからなる質素で純粋な内部空間は初期ロマネスクの時代特性を感じとることができ，修復による様式の改変はほとんどない。暗い空間の中に浮き出る星型のリブ付きドームはロピタル・サン・ブレーズ同様，コルドバのモスクを意識させ，アラブ風の影響がここはすでにスペイン国境に近いことを思い起こさせてくれる。柱頭彫刻は特に内陣に質の高いものが集まっている。ノアの方舟，アダムとイヴ，アベルとカイン，東方三博士の礼拝など馴染み深い物語が集合している。
西側広場からはオロロン・サント・マリーの町を二分する美しい谷が展望できる。大聖堂との間は景観の変化を楽しみながら街を散策したい。

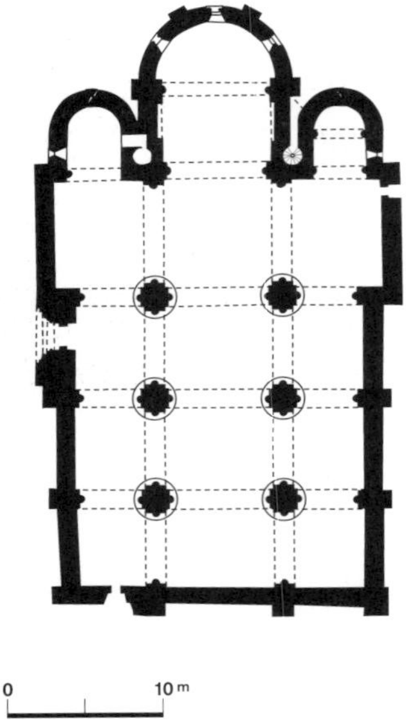

平面図

アクセス

➤地図 | p.132

ポー[4]より南西，約32km。ポーよりN134で一本道，約30分。サント・マリー大聖堂とは谷を隔てて建っている。オロロン・サント・マリーより南へバスで約1.5時間のCantrancまで行くと，ピレネーの雄大な風景を見ることができる。

1 | 南側修道院の遺構。教会本体以外はほとんど何も残っていない。
2 | 西側正面ファサード。谷へと緩やかに下る広場に面しているが，入口は北側道路にあって，ほとんど広場との連関がない。非対称の不整形なファサードは歴史的な変遷の痕跡である。

1

2

[ロピタル・サン・ブレーズ] L'Hôpital Saint Blaise

➤サン・ブレーズ教会 Eglise Saint Blaise

コンポステーラへの巡礼の重要な通過点。
ギリシャ十字の初源的な荒々しい空間。

歴史

文献に登場するのは1334年であり，12世紀終わりから13世紀の初めの建設と推定されている。

概要

細い道の先に忽然と現れるプリミティヴな形態の石の塊。
巡礼礼拝堂としては非常に小さなギリシャ十字の集中形式による教会である。
内部は非常に暗く，アーチを8点から星型に架けて支えるドームには不規則な開口が印象的に配され，そこから照射される光線がいびつな壁面と呼応して不思議な雰囲気をもたらしている。明るい屋外から足を踏み入れると，暗い岩窟内での礼拝という初源的なイメージを体験できる。
窓まわりの細かい装飾にはスペイン経由のアラブ様式の影響が見られる。
付属建物のなくなった現状では，外部は一転して余裕のある引きによって，小規模な教会ながらもモニュメントとしての存在感を誇っている。後陣の外部は全体に収まりが悪い。屋根と立ち上がり壁との関係は混乱している。そのような目で見ると，正面ファサードも後の修復が入っているとはいえいびつで非対称，窓も不規則である。全体に建築としての整合性に関心が払われていないことがうかがえる。しかしそうした総体，あるいはそうした成り立ちにこそ，この教会の強靭さが明快に表現されている。
周辺には小さなレストランやホテルが数件あり，季節が良ければ巡礼者の気分を味わいながらのんびり滞在するのも良いだろう。

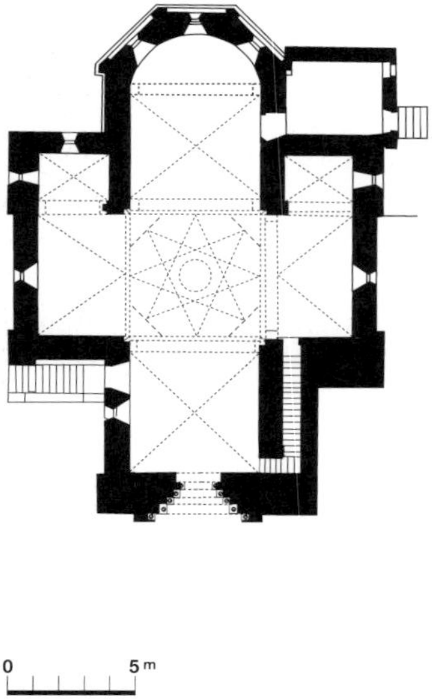

平面図

アクセス ➤地図 | p.132

オロロン・サント・マリーより北西へ15km。ポー[4]よりN134でオロロン・サント・マリーへ向かい，これよりD936をPeyrehorade方向へ約10km走ると左ロピタル村（L'Hôpital Saint Blaise）のサインあり。

1 | 後背部よりの外観。道のすぐ脇に面し，周囲は広場となる。南側には小川が流れ，山間の穏やかな環境にある。かなり改造や修復の手が入っていることは，整合しない要素の組合せであることからも容易に想像できる。
2 | 壁面の開口部はきわめて小さく，星型リブを飛ばすドームからの採光が非常に印象的。小さく不規則な開口部。

1

2

Aquitaine, Pyrénées …………………… その他の見所

アキテーヌ―ピレネーで足を伸ばすなら

スペインが間近に迫る山岳地帯であり，最大の魅力はその雄大な自然にある。トゥール・ド・フランスのピレネー越えの舞台はまさにこの地域であり，その最難関ピモラン峠（Col de Puymorens）は車で訪れても恐ろしいほどの迫力である。車で動かれる方は十分注意されたい。
雄大な風景を簡単に味わいたいという方には，オロロン・サント・マリーよりバスで1.5時間のレスカン（Lescun）村まで行くとよいだろう。時間にゆとりがあるならば，オロロン・サント・マリーよりN134で一気に南下しスペイン国境のソンボルト峠を越え，スペイン・バスク地方のロマネスク教会に足を伸ばすこともできる。日本にキリスト教を伝えたザビエルが生まれ育ったザビエル城もこの地域に当時のまま残っている。峠の旧道は，ロマネスク時代の巡礼路の中でも最も困難な山越えルートで，多くの巡礼者が命を落としたとされる。逆にポーから西に向かい，大西洋に面したバイヨンヌ（Bayonne）やビアリッツ（Biarritz）の美しい海岸を持つ港町を訪れるのもよい。フランス有数のリゾート地で，バスク料理のレストランやホテルが多数ある。ポーの南東40kmにあるルルドは世界的に有名な聖地で年間約400万人もの巡礼者が訪れる。聖女ベルナデットの奇跡の地を訪れるのもよい。
なお日本での知名度は高くないが，ポー周辺の3種のワイン，ジュランソン，テュルサン，ベアルン・ベロックは質の高いことで地元では有名。特にジュランソンの白はフルーティーな味わい。ピレネーのチーズとともにぜひ試されたい。

Moirax Eglise Notre Dame

LIST ……その他の主な教会

［Hagetmau］ ➢ Crypte Saint Girons

［Luz Saint Sauveur］ ➢ Eglise Saint André

［Saint Engrace］ ➢ Ancienne Eglise Collegiale de Saint Engrace

［Saint Lizier］ ➢ La Cathédrale Saint Lizier

［Saint Plancard］ ➢ La Chapelle Saint Jean des Vignes

［Lescar］ ➢ Ancienne Cathédrale Notre Dame

［Moirax］ ➢ Eglise Notre Dame

section 2
chapter 6

ペリゴール地方とケルシー地方

連続ドームの大空間

6_Périgord Quercy ペリゴール地方とケルシー地方のロマネスク教会

ペリゴール地方を中心とする地域で最も特徴的な建築形式は，ドームを連続する独特の大空間である。この空間形式をもつ教会は，北西ではアングレームやサントのアベイ・オー・ダーム，南には後に改造されたモワサックなどがあって，必ずしも現在の地域区分ペリゴールに限定されるものではないが，2つのドームだけをもつような小さな教会にまでこうした形式が集中して存在しているのは，ペリゴールを中心とする地域と言ってよい。

ドームの大きさはさまざまで，ドームを支えるのはオーヴェルニュのル・ピュイに見るようなトロンプではなく，ほとんどがペンデンティヴであることが特徴である。白い石灰岩によって作られる平滑な面の構成によるペンデンティヴはシンプルで印象的な意匠構成を作り出し，装飾的な要素を拒否しているかのようである。ドームを連ねる形式は，各ドームに対して正方形平面を要求するから，必然的に平面形式をシンプルに規定する。ほとんどの場合，単廊式で翼廊もないものが多い。大ドームは空間を心理的に低く見せる効果があるので，それを補正するためのかなり高い空間をもつことが多い。こうした空間はローマの建築，あるいはビザンチンの建築に直接の影響関係を求めてよいだろうし，それは外観の公共建築的な装飾の少なさにも象徴的に表現されている。

特徴的なドームの構成でここに紹介するのは，代表的なペリグー，カオールであるが，こうした空間構成とは別に，トゥールーズから山岳地帯に入ると，各地に独自の領域を確保した文化がある。その典型的な例がコンクであり，ロカマドールである。いずれも自然の景観とのすばらしい調和をもつ文化遺産である。特にコンクは巡礼の要衝であり，繁栄の跡を偲ばせる多くの財宝がある。ル・ピュイからの巡礼路はその文化的な影響関係を作っていたと考えられ，後背部の礼拝室が放射状に展開する構成などはオーヴェルニュからトゥールーズの流れのなかに位置づけられるものであり，正面の2つの鐘楼はクリュニーを連想させるが，平面的にはコンクはトゥールーズを縮小したような形式によって互いの影響関係をもっている。集落と教会との村落組織全体が魅力的な必見の巡礼地である。

トゥールーズと彫刻において影響関係があるのはモワサックであり，別の地域で扱う南部ピレネーの教会である。モワサックは空間形式においてはペリゴールのドームを連ねる手法で建設され，ドームが落ちた後に改造されたが，入口の彫刻および中庭の彫刻は，フランスでも最高の中世彫刻群の1つと考えられる。

教会を中心とする集落と自然とが作り出す変化に富んだ劇的な景観，トゥールーズを中心とする彫刻群，連続ドームの独特な空間構成をたどる巡礼がこの地域のテーマである。

主要都市 | Périgord, Quercy

1 ペリグー[PÉRIGUEUX]
2 コンク[CONQUES]
3 カオール[CAHORS]
4 トゥールーズ[TOULOUSE]

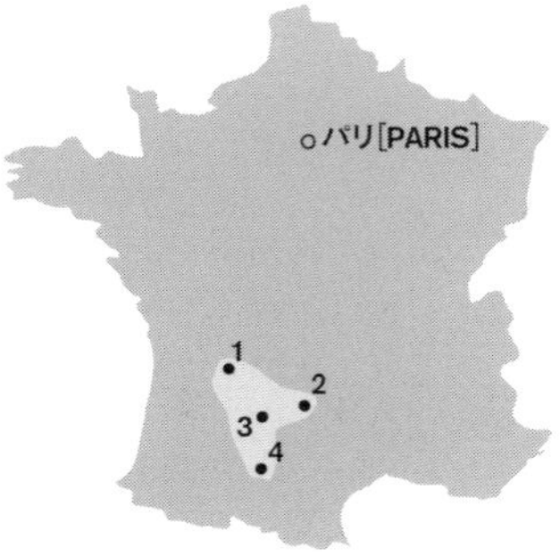

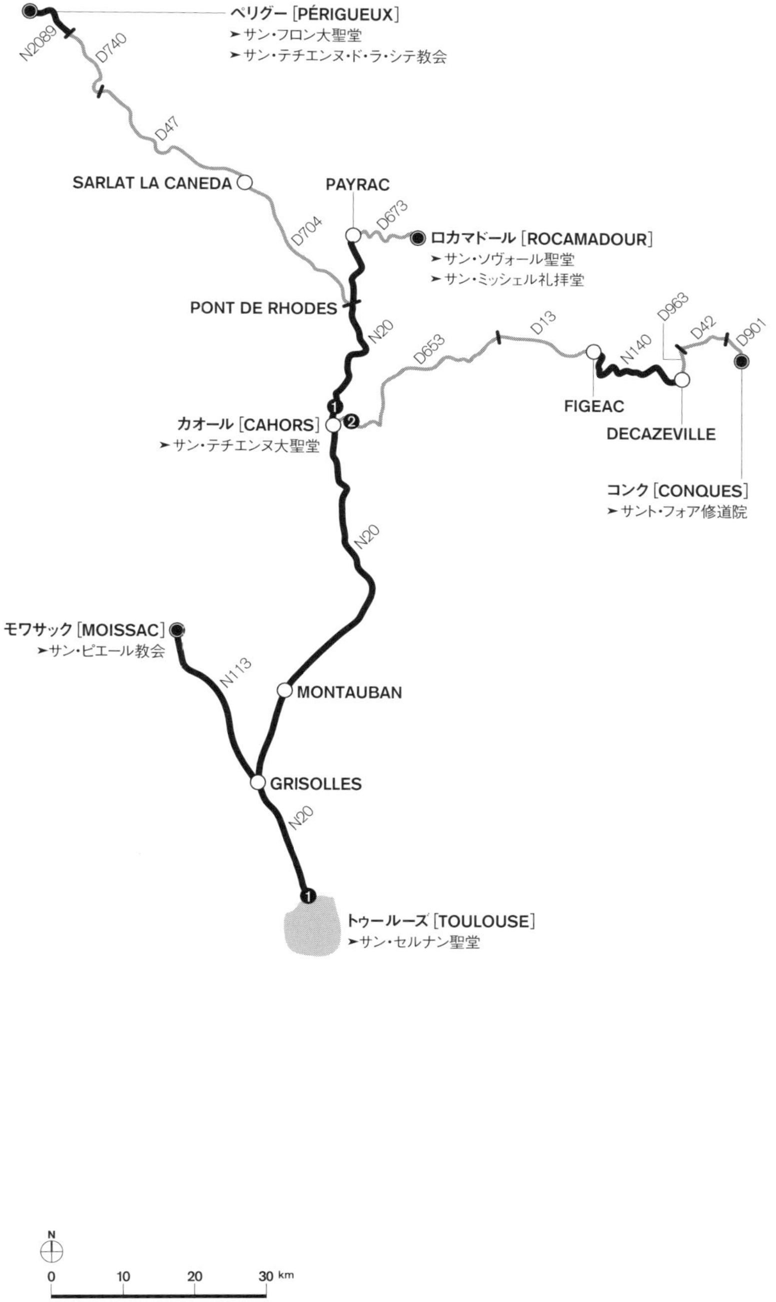

ペリグー [PÉRIGUEUX]
➤サン・フロン大聖堂
➤サン・テチエンヌ・ド・ラ・シテ教会
N2089
D740
D47
SARLAT LA CANEDA
PAYRAC
D673
D704
ロカマドール [ROCAMADOUR]
➤サン・ソヴォール聖堂
➤サン・ミッシェル礼拝堂
PONT DE RHODES
N20
D653
D13
N140
D963
D42
D901
FIGEAC
DECAZEVILLE
1
2
カオール [CAHORS]
➤サン・テチエンヌ大聖堂
コンク [CONQUES]
➤サント・フォア修道院
N20
モワサック [MOISSAC]
➤サン・ピエール教会
N113
MONTAUBAN
GRISOLLES
N20
1
トゥールーズ [TOULOUSE]
➤サン・セルナン聖堂
N
0
10
20
30 km

[トゥールーズ] Toulouse

➤サン・セルナン聖堂

Basilique Saint Sernin

現存する最大のロマネスク教会。

歴史

250年に殉教したサテュルナン(方言でセルナン)は別の地タウルに捨てられるように埋葬されていたが，4世紀末にトゥールーズ司教シルヴがこの遺物を奉る聖堂を建設することとし，5世紀初頭に遺物の移設を行った記録がある。その後9世紀の記録によると，ルイ・ル・ピオーの統治下の終わりに教会が再建されたとされるが，その部分が現在のどこにあたるかは定かでない。11世紀に頻繁な略奪を受けた後に，1080年頃からクリプトの整備がはじまり，1096年と1119年に祭壇の奉納式を行っており，1118年には側廊部分が完成していたことが知られている。建築は13世紀に完成した鐘楼などを除き12世紀前半までにほぼ終了したが，革命前後の略奪から権利の譲渡までの出来事の中で，教会本体以外の中庭を含むほとんどすべての施設が失われた。1845年にヴィオレ・ル・デュクによる修復を受けることが決定し，工事は1860年からはじまった。部分的にデュクの独創的な解釈が加えられている。

概要

クリュニーが現存しない今日では，残存するロマネスクのモニュメントの中でも最大級の規模を誇るが，後世の手の入った部分も多く，ロマネスクのオリジナルな部分は柱や柱頭，彫刻などが主である。
「128もの聖遺物」を収める地下礼拝室をもち，周歩回廊から放射状に礼拝室が展開する構成は教会自体が巡礼路を用意するものであり，大きな巡礼教会には必要とされる施設だったと思われる。レンガと石を組み合わせた独特の構成で，後背部の足元が最も古い部分を残している。幅が大きすぎて光の取り入れ方が難しく，暗い身廊と明るい側廊のコントラストが独自の空間を作っている。
ロマネスク彫刻が多く残っており，数々の柱頭彫刻に注目しながら巡りたい。1096年の依頼によってベルナール・ジルドゥアンらの製作した，独自のセンスとスタイルによる後陣回廊の浮彫りや彼の名前の判明する細かい彫刻の施された祭壇などには特に注目したい。ミエジュヴィルの門と呼ばれる南側入口は1090年頃の作品として貴重な存在であり，これもジルドゥアン風の作品である。北側翼廊にはキリスト昇天を中心とするロマネスクの壁画が残っている。失われた中庭の柱頭彫刻などは，博物館に収められている。

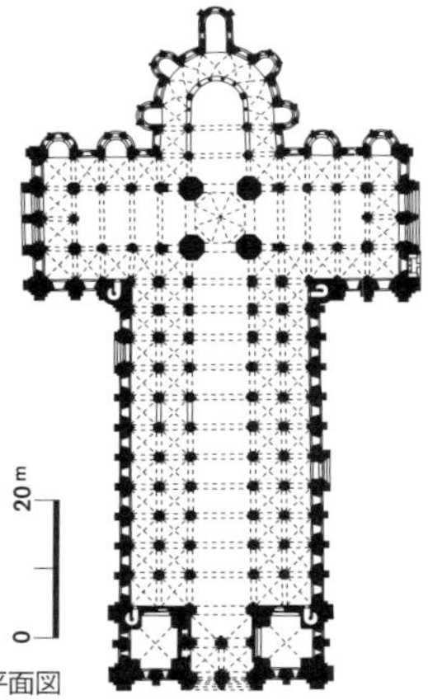

平面図

アクセス

➤**地図** | p.**155**

パリより706km。トゥールーズ市の中心，キャピタル広場よりrue du Taurを約5分。広場からも見える。

1 | 内陣回廊に連続する礼拝室を表現した外観。整った構成の巨大教会。

2 | ミエジュヴィルの門上部タンパン彫刻。独特の動きと表情の人体表現。

3 | 彫刻詳細。サン・タヴァンタンの聖母像との類似性を比較されたい。

4 | 門脇の使徒彫刻。

1

2

3　4

[モワサック] Moissac ➤サン・ピエール教会

Eglise Saint Pierre

ロマネスク最高峰の彫刻群。

歴史

最初の教会施設は7世紀前半に遡るが，アラブ人の襲来，ノルマン人の略奪を受けた後に，11世紀からクリュニーとの関係を深め，1047年に正式に傘下に入り，1059年にクリュニーから送られた最初の修道院長デュラン・ド・ブレドンがトゥールーズ司教兼任で就任した。新しい教会は1063年にいったん献納されたが，1080年に火事の記録があり，鐘楼入口部分の完成をみたのは1115年から1131年まで修道院長を務めたロジェールの時代である。発掘などによる考古学的考察によって，当時の教会は2つのドームを並べるカオールと同様の空間をもっていたと考えられている。中庭など諸施設もこの頃に完成しているが，1210年頃アルビジョワ戦争の際に破壊され，現在の中庭は建設当初の彫刻とそれ以降の建築部分の混成となっている。

概要

カオールとの関係が強かったことは，建設当初の内部空間が似たものであったこと，彫刻の作風などにみてとることができるが，当時の空間で残っているのはナルテックスを形成する鐘楼入口部分と中庭だけである。

入口彫刻群は，驚くべき密度とその写実的で豊かな表現力によって，まちがいなくロマネスク最高峰の質を有している。タンパンはキリストを中心とし4福音聖人と黙示録の24老人を描いており，表情の豊かさや正確さ，誇張する部分をはっきりさせながらも解剖学的に比較的正確な人体表現とそのヴァリエーションに富んだ動き，衣服などへの驚くべきディテール表現などに注目したい。両側袖壁状の柱部分には右にイザヤ，左に聖ペテロが配され，独特の中央柱には正面に黙示録のライオンが絡まり，右に聖エレミヤ，左に聖パウロである。側壁部分には下段に使徒たちの像，上段には分かりやすい聖書の物語が描かれている。全体としてみると仔細に何人かの彫刻家の手の違いをみてとれる。

この彫刻家たちは中庭の柱頭彫刻の多くも手がけていると考えられている。この数多くのすばらしい彫刻をもつ中庭は，その完成度と全体の調和から，フランスで最も美しい中庭の1つと称される。近郊で採れる石灰岩を刻んだ柱頭の数は全部で76あり，いずれも質の高い彫刻ばかりである。

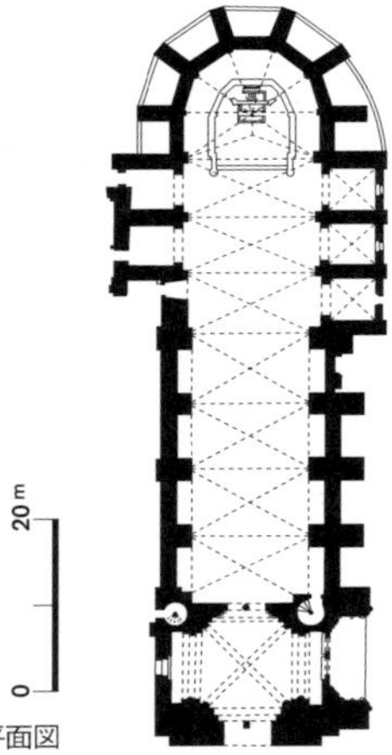

平面図

アクセス

➤地図 | p.155

トゥールーズ[1]よりN20をMontauban方面へ約30km北上，Grisolles でN113に乗り換える。またはA62をモワサックまで一本道。あとはモワサックのサインに従う。モワサックにはフランスによくある河川港があり，一見の価値がある。

1 | 大きな広場に面するナルテックス南側門。西側にも広場があり，両方向への開口を意図した都市的な要素となっている。

2 | 整然とした構成の美しい中庭。柱の線の細さと複雑な造形をみせる柱頭の組合せ，中庭に視線を向ける片流れの屋根などによって，静謐な空間を完成させている。

1

2

3

4

5

3｜1本と2本の柱がリズミカルに交互に配され，いずれも驚くべき詳細な柱頭が並ぶ。
4｜中庭と回廊の陰影。
5｜柱頭詳細。
6｜ナルテックス南側門彫刻。驚くべき密度のタンパン彫刻と窓間柱，付柱の人物彫刻。
7｜窓間柱に絡まるように表現された彫像。しなやかで写実的な体の動きと哀愁に満ちた表情。
8｜付柱部分に配された2人の聖人彫刻。

6

7　8

[カオール]
Cahors

➤サン・テチエンヌ大聖堂

Cathédrale Saint Etienne

2つの大ドームを連ねる
迫力の大空間。

歴史

3世紀に聖ジェニュルフによる伝道が行われ，カオールの最初の司教になったという伝説があるが，7世紀に聖ディディエが大聖堂と付属施設を現在の教会と同じ場所に建設したことが最初の記録として残る。現在の大聖堂は12世紀に建設されたもので，1119年にカリクスト2世によって祭壇と聖人の石棺の献納式が行われている。彫刻をもつ北側入口は1150年頃の作品であるが，後の改造で入口としての機能を失っている。13世紀から14世紀にかけて内陣の改造が行われ，ゴシック風の意匠となった。両側に並ぶ礼拝室は15世紀以降に追加，改造されたりした部分である。宗教戦争の時代には，後のアンリ4世に率いられたプロテスタント軍によって破壊を受けている。彩色は14世紀と19世紀に行われた表面的な改造である。

概要

結果として異種混交となった大教会で，北側の装飾されたアーチ玄関以外には特徴のない外観だが，2つの直径18mに及ぶ大ドームが並ぶ内観は圧倒的な迫力である。この地域周辺の教会のみにあるこの空間構成は，モスクにも似た一種のビザンチン風であり，方向性よりは求心性を強く感じさせる構成である。内陣の改造は方向性を打ち出すための改造でもあったと思われる。
北側玄関の彫刻飾りは4段のアーチがかかり，キリスト昇天，使徒たちと聖母マリア，聖エチエンヌの殉教などが描かれていて，モワサック派と言われる。中庭は主にゴシックの作品で，南面はフランボワイヤン式，クリプトとともに現在一般に公開されていない。サン・ゴスベール礼拝室の絵画は15世紀のものである。
カオールはワインの有名な銘柄で，フォワグラの名産地でもある。ワイン倉は周辺地域に数知れずあり，デギュスタシオン（試飲）の楽しい地域である。

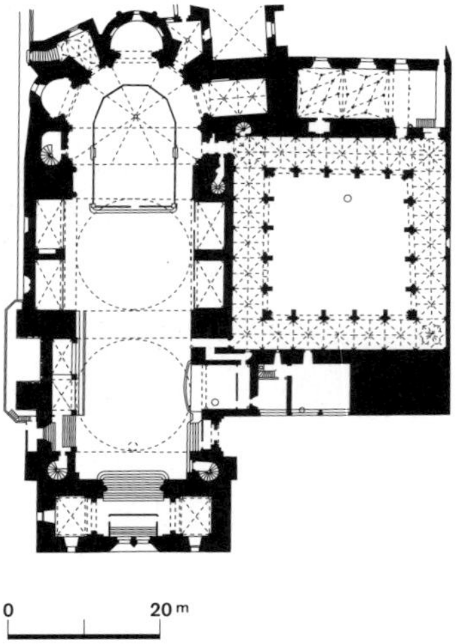

平面図

アクセス ➤地図 | p.155

➤地図 | p.155

トゥールーズ[1]よりN20を北上，Montaubanを抜けて1本道。N20にはカオールのサイン多数あり。メインストリートより東に入った川沿いにある。

1 | 北側入口上部のタンパン彫刻。モワサックの影響。

2 | 河岸から連続するドームのプロフィール。球を内包するヴォリュームが読み取れる。

3 | 連続するドーム天井。視線を引き付ける求心力を持ち，人が集う大広間という印象を与え，身廊の方向性を弱めているように感じる。

1

2

3

[コンク] Conques

➤サント・フォワ修道院

Ancienne Abbatiale Sainte Foy

美しい谷あいの集落に溶け込んだ
ロマネスクの代表作。

歴史

ロカマドールと同様にキリスト教が徐々に布教されてゆく時代に聖アマドールによって創設され，最初の宗教建築はメロヴィング朝の時代に建設されたと考えられる。その後シャルルマーニュの子ルイ・ル・ピオーによって保護を受け，819年に土地の提供を受けた僧たちがベネディクト派の戒律に従う修道院を設立する。異教徒の神への帰依を拒んで殉教した12歳の少女フォワの遺骨を獲得すると，ここを信仰の拠点とする発展がはじまった。コンポステーラへの巡礼が盛んになると，ル・ピュイからのルートの中継点となり，最大の繁栄期を迎え，この頃に現在の修道院施設が建設された。その後1348年のペストの流行をきっかけに，百年戦争を経ることによって衰退していった。16世紀は教会内の精神的な荒廃がはじまり，1568年の宗教戦争による略奪で決定的な打撃を受けた。

概要

ドゥルドゥー川の谷あいに展開する美しい集落にあって，集落全体の空間に溶け込んだ，ロマネスク教会を代表する完成度の高い作品である。
交差部ドームは残念ながらゴシック様式だが，全体に大きなヴォリュームと黄色い石の反射が透明感を与える明るい空間をもち，明快な半円アーチを基本とする幾何学的な構成と独特の高窓部分のアーケードが軽快なリズムをつくっている。
正面タンパンは最後の審判を描く大屏風である。124人の人物をまとめ上げた絵画的表現方法は独自のものであり，人間らしい表情の豊かさがその特徴である。下段右が地獄，左が神の統治する天国であるが，天国の屋根左上に手をかざされて，礼拝している人物が聖女フォワである。
南に隣接する建物には博物館があり，教会が所有していた多くのきわめて貴重な宝物が展示されている。「ペパンの箱」，「シャルルマーニュのA」などのほか，「聖女フォワの尊厳」と呼ばれる聖女フォワの遺物箱であるすばらしい彫像を収蔵しており，その金属製打出し細工の面はローマ帝国末期のものである。特に注目されたい。
日程が許せば教会付近にある宿に泊まり，すばらしい環境を満喫したい。教会の四方に山があり，それぞれ絶好の展望個所がある。ぜひ各方向へ山を上り，コンクの全貌をいろいろな場所から展望してほしい。

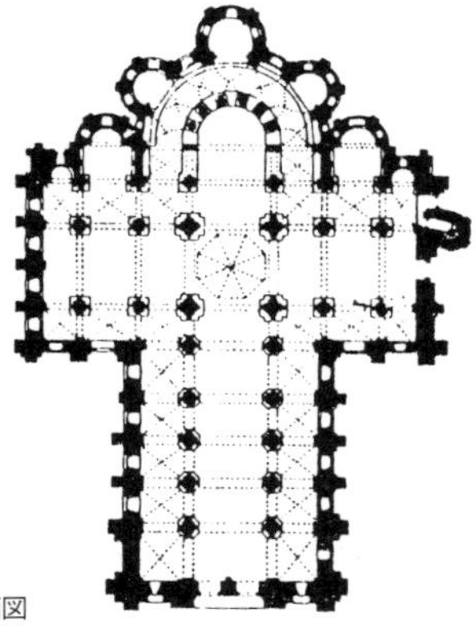
平面図

アクセス ➤地図 | p.155

カオール[2]よりD653, D13でFigeacまで行き，N140に乗り換え。DecazevilleでD963をMaurs方面へ北上，約6km走ってコンク右折のサインを見つける。あとはサインどおりで約18km。最後の約20km は道が細い上に崖と川の間の道なのでくれぐれも運転に注意。

1 | 丘の頂部に位置し，坂道を登った突き当たりに西側正面ファサードを向ける。
2 | 後背部へ坂道を昇る。交差部尖塔が時代の異なる部分。

1

2

3

4

3｜正面タンパン彫刻。下部2つの屋根型が天国と地獄を表現した部分，中央にキリスト像。

4｜丘を昇ると全貌を見渡せるポイントがある。黄色い壁は山間の光の変化に敏感に反応してゆく。

5｜整然とした構成をもつ内観。完成された巡礼教会の典型。

6｜タンパン彫刻中央「最後の審判」部分。巡礼者への教育的効果をもつ，彫られた聖典として存在したのであろう。

5

6

[ペリグー]
Périgueux

➤サン・フロン大聖堂

Cathédrale Saint Front

ギリシャ十字の
ビザンチン風大空間。

歴史

最初の教会はフロンテール司教によって建設され，1047年に献納された3廊式のバジリカ形式であった。シェーズ・デューから来た僧ギナモンが1077年にこの教会の中心に丸い聖フロンの墓を作ることによって，多くの巡礼者を引きつけることとなった。1120年の火事は大きな被害を与えたと記録に残り，その後1170年頃まで再建の工事が行われていたとされる。この時，旧教会に対して東に逆向きの新教会を作り，つなぎ合わせるかたちで工事が進められたとされる。この時の工事によって基本的にドームを四方に展開する構成になったと思われる。19世紀後半になっていわゆる「修復」が行われたが，これによって完全に作り変えられ，外観は今世紀にさらに大きく改造された。

概要

この教会が果たしてロマネスク教会かどうかの判断は非常に難しい。ロマネスク起源ではあるが，現在の教会はほとんど19世紀と20世紀になって独自の評価によって改造・改築された姿だからである。現在のドームはすべて円と半円で成立しているが，12世紀後半のドームは尖頭アーチの上に載っていたことがすでに知られているし，聖フロンの墓も後世の創作で，内装材はオリジナルとは異なる均質さを示し，外部ドームのプロフィール変更や小さなピナクルの追加など，恣意的な改造が多く行われているのである。しかしギリシャ十字ではないにしても，この雄大なドームを並べる空間はとりあえずこの地域の特徴でもあり，19世紀のロマンティックな復興折衷文化に訴えるものがあったのであろう。そうした背景を差し引いても，力強く魅力的な内部空間であることはまちがいない。ペリグーにはドームをもつもう1つのロマネスク教会，サン・テチエンヌ・ド・ラ・シテがあり，原型となる空間はこちらで確認してみるとよい。

断面図

アクセス

➤ **地図** | p.**155**

カオール[1]よりN20をSouillac方面へ北上し，Pont de RhodesでD704に入り，Sarlat la CanédaでD47に入り，途中D740に合流して約20km。途中Les Eyziesあたりは 洞窟の宝庫で有名なラスコーもすぐ近い。

1 | 多くの装飾的尖塔も19世紀以降に追加されたもの。ピクチャレスクな景観がつくりだされている。
2 | 半球ドームを四方から彫りの深い半円アーチで支える独特の形式。モスクのような集中形式の空間。

1

2

[ペリグー]

Périgueux

➤サン・テチエンヌ・ド・ラ・シテ教会

Eglise Saint Etienne de la Cité

さまざまな直列ドームの
重ね合わせを起源にもつ旧大聖堂。

歴史

蛮族に追われたヴェゾンの人々がペリグーに入植し，街の中心（シテ）である城壁のそばにサン・テチエンヌ大聖堂を建設したのは4世紀のことである。以後1669年まで大聖堂の地位にあった。最初の教会はバジリカ形式であったことが発掘によって知られている。現在残る教会の西側は11世紀中葉，東側は12世紀の終わりに建設されている。その後，西側に幅の狭い2つのドームとサン・フロンにみられるような小さな鐘楼が建設されているが，1557年に新教徒によって破壊されている。この時，東側のドームもほぼ破壊されたが，1640年頃に修復された。

概要

ドームを縦につないでゆくという不思議な工程によって成立した，独特の教会である。空間単位を先行する構造に重ね合わせてゆくという造型的な考え方は，一種のメタボリズムである。破壊されたドームは独自の小さな幅をもち，現存する2つのドームも大きさが微妙に異なり，それぞれが球を内包するヴォリュームを表現している。外観も一種の機能主義を表現するかのような単純なアーチによる構成を素っ気なくみせているだけであり，多くの人々を一堂に会させるための公共建築というイメージを与える。このドーム建築がペリゴール地方全域からアングレームにいたるまでの一連のドーム建築の原型となったのであり，建築モデルとしてまずこのドームを見ておきたい。

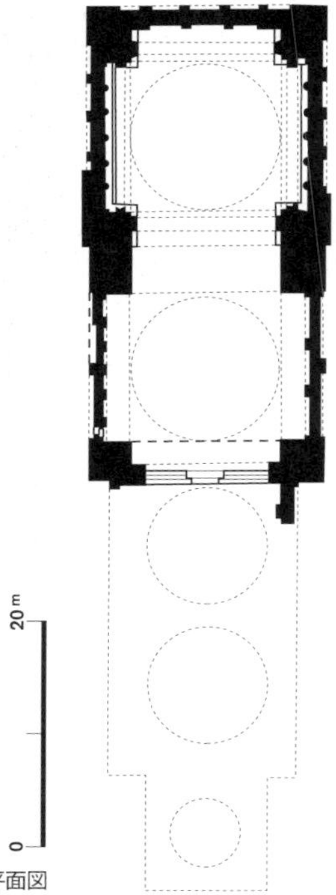

平面図

アクセス ➤地図 | p.155

カオール[1]よりN20をSouillac方面へ北上し，Pont de RhodesでD704に入り，Sarlat la CanédaでD47に入り，途中D740に合流して約20km。

1 | 2つのドームが接合されるアーチ。左が古く右が後世に再建されたもの。開口部の構成からも時代が感じられる。

2 | 17世紀に再建されたドーム部分。こちらは半円アーチではなく，構造的に有利な尖頭アーチで支える。ドームは単位空間として直列につなげばそのまま線形に拡張してゆくことができる。

1

2

Périgord, Quercy ……………………その他の見所

ペリゴールで足を伸ばすなら

この地方の最大の魅力は，先史時代の洞窟が多く点在していることである。ペリグーの東45kmのモンティニャック郊外にあるラスコー洞窟や，その西側にあるレ・ゼジ村周辺の4つの先史時代遺跡と多くの大洞窟などが代表的。またロカマドールの崖に代表されるように，自然の作り出す特異な造形を楽しめるのもこの地域の特徴である。特に一度体験したいのが，ロカマドールの東約10kmにあるパディラック洞窟で，90mにも及ぶ巨大な噴火口をエレベーターで下り，そこから地底の洞窟に地下水の流れに沿って舟で入り，丸天井の間と呼ばれる巨大なホールへ到達する。洞窟の拝観は，文化財保護の観点から定員になり次第閉じる場合が多く，夏などは特に朝早く行かないと入場できないので注意が必要である。
カオールを中心として，フォワグラやトリュフ，チーズの名産地であり，ロカマドールにはロカマドールの名を冠したチーズがある。本場で食する味はまた格別となろう。巡礼の通過点としてフィジェアックは宿泊に適したところである。古い佇まいの町でホテル，レストランともに揃っている。

ロカマドール中腹

ロカマドール遠景

LIST ……その他の主な教会

[Chadenac] ➤ Eglise Saint Martin
[Saint Amand de Coly] ➤ Eglise Saint Amand
[Carennac] ➤ Eglise Saint Pierre
[Brantome] ➤ Ancienne abbatiale Saints Pierre et Sicaire
[Beaulieu sur Dordogne] ➤ Ancienne abbatiale Saint Pierre
[Rocamadour] ➤ Chapelle Saint Michel ➤ Eglise Saint Sauveur
[Saint Léonard de Noblat] ➤ Collégiale Saint Léonard

section 2
chapter 7

ポワトー地方

珠玉のタンパンと柱頭彫刻

7_Poitou | ポワトー地方のロマネスク教会

ここで対象とする地域は，ロワール川の南からポワティエ周辺，サントの周辺からアングレーム周辺，さらに南部のボルドー付近までの大きな領域にまたがる。ここはとりもなおさずオルレアン(あるいはパリ北部のサン・ドニ)から連なる巡礼路にあたっている。この巡礼路は4つのルートの中でも最も平地を多く通過するルートであり，それに加えて豊かな農地に支えられた経済的な背景を併せもつ繁栄がそのまま建築表現やその数にも現れているといってよい。
豊かな彫刻群や壁画などの装飾的な要素が特に著名であり，ロワール川周辺からポワティエ周辺に壁画の名作が多く，特にサン・サヴァン・シュール・ガルタンプの天井画はシスティナ礼拝堂に並び称される世界遺産である。ファサードや入口タンパンなどはほとんどの場合数多くの豊かな彫刻によって埋め尽くされている。特にオネー，ポワティエのノートル・ダム・ラ・グランド，シヴレーなどが代表的だが，特にオネーの彫刻はその詳細な表現力が見所であると同時に，ブルゴーニュのアンジー・ル・デュクにあるアーチ彫刻との内容的な影響関係が興味深い。貴族の縁戚関係によってブルゴーニュとの関係を深め，同時にクリュニーの影響を受けることとなったことがここに見られるとの指摘はあるが，ブルゴーニュのスミュール・アン・ブリオネや，サン・ジュリアン・ド・ジョンジイなどとも比較しながら見ると，離れた土地の間の近い関係が興味深く，さらに一方ではトゥールーズ，モワサックとの影響関係もあって，フランスを縦断するロマネスク彫刻文化の中心地ということができる。こうした装飾的な豊かさは他の地域の及ばぬ領域であり，ある意味ではすでにバロック的な世界にまで踏み込んでいるようにも思える。柱頭彫刻などには作者が判明している作品が多いのもこの地域での特徴と言ってよいだろう。
建築的な要素で目につくのは，ファサードや後背部を下から上まで貫く柱である。サントを中心とした地域では特にファサードを柱で3分割し，後背部を各スパンで区分する柱を強調する構成が多く見られる。さらに建築的な構成で特徴的なのは，内陣奥に周歩回廊を回し，礼拝室を放射状に展開する組合せをもつ場合が多いことである。それぞれの教会では後背部の空間構成に独自の意匠的な配慮がなされているが，平面的にはほとんどすべての代表的な教会は奥深い内陣に周歩回廊を回し，礼拝室をもっている。サン・サヴァンやポワティエのサン・ティレールのように内陣を一段高く設定し，身廊レベルの回廊が一段下を巡る形式も多い。こうした複雑な構成が定着するには，恵まれた経済的背景なくしては不可能であろう。
他の地域に比べて，ポワトーの教会は特異な自然の景観と人工構築物との調和という，ある意味では分かりやすい状況のもとになく，ゆるやかな丘の上や都市内に埋もれた状態であってもその存在の強烈さを表現しきれるように求められていた。またそのような表現を可能とする能力をもった職人が多く存在した背景と環境があったのである。

主要都市 | Poitou

1 ポワティエ[POITIERS]
2 アングレーム[ANGOULÊME]
3 ボルドー[BORDEAUX]

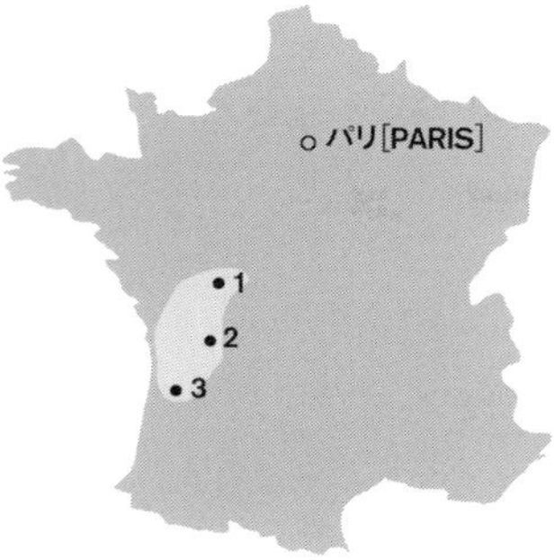

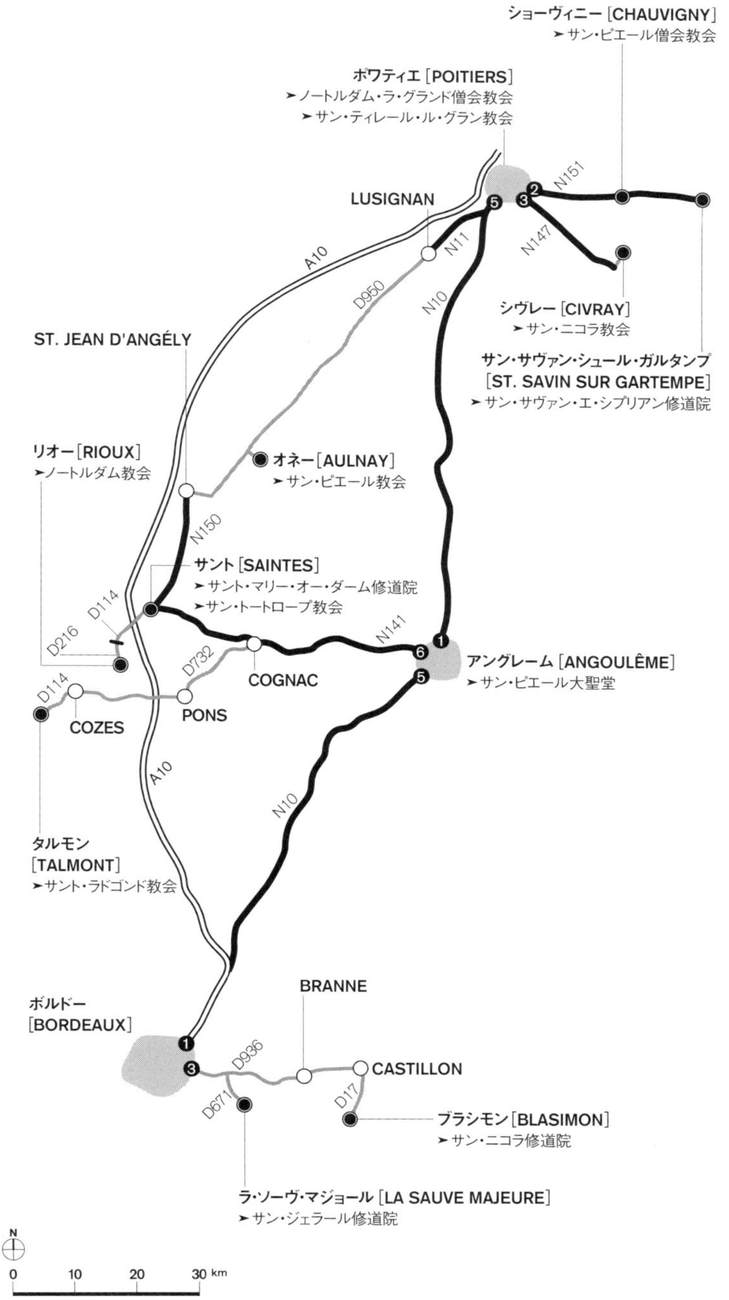
ショーヴィニー [CHAUVIGNY]
➤サン・ピエール僧会教会
ポワティエ [POITIERS]
➤ノートルダム・ラ・グランド僧会教会
➤サン・ティレール・ル・グラン教会
LUSIGNAN
N151
N147
N11
N10
A10
D950
シヴレー [CIVRAY]
➤サン・ニコラ教会
サン・サヴァン・シュール・ガルタンプ
[ST. SAVIN SUR GARTEMPE]
➤サン・サヴァン・エ・シプリアン修道院
ST. JEAN D'ANGÉLY
リオー [RIOUX]
➤ノートルダム教会
オネー [AULNAY]
➤サン・ピエール教会
N150
サント [SAINTES]
➤サント・マリー・オー・ダーム修道院
➤サン・トートロープ教会
D114
D216
N141
D732
アングレーム [ANGOULÊME]
➤サン・ピエール大聖堂
COGNAC
D114
COZES
PONS
A10
N10
タルモン
[TALMONT]
➤サント・ラドゴンド教会
BRANNE
ボルドー
[BORDEAUX]
D936
CASTILLON
D671
D17
ブラシモン [BLASIMON]
➤サン・ニコラ修道院
ラ・ソーヴ・マジョール [LA SAUVE MAJEURE]
➤サン・ジェラール修道院
N
0
10
20
30 km

[ポワティエ]
Poitiers

➤ノートルダム・ラ・グランド僧会教会

Ancienne Collégiale Notre Dame la Grande

ファサードを埋め尽くす彫刻群。

歴史

文献に名前が登場するのは924年が最初だが，僧院として具体的な内容を記述されたのは1090年であり，この頃にほぼ建築としては完成していたと考えられる。1174年に城壁の鍵を管理する権利を与えられ，昇天祭を教会の祭りとして認められたとされる記録が残っていて，町の中心的な存在として権威をもっていた様が理解できる。1276年に初めて中庭の記録があって，全体の施設として完成したのは13世紀として良いだろう。

概要

周辺の大きな建物に比べても必ずしも大きい(グランド)とはいえない規模の教会だが，この町に数多くあったノートルダム教会の中では一番大きい教会であったことが命名の由来である。
直線的で明快な構造とバランスの良い塔の配置が魅力的な教会だが，なんと言ってもファサードを埋め尽くすように配置された彫刻に対して両脇を締めるように立ち上がる柱の束の上に円錐の塔を載せる構成全体の調和が，第一のみどころである。仔細に検討すると，人物の衣類や動きなどの彫刻表現が3通りに分かれることが分かり，3人の彫刻家が時代を超えて製作したと考えられる。
中央窓の両脇の四連アーチと三連アーチを重ねて12使徒を表現する構成は，ローマ時代の石棺などにみられる構成であり，この地方に大きな影響を与えているようである。上部アーモンド形に穿たれた彫刻はキリスト昇天を描いていると思われるが，約60cmもの深さをもつ彫刻である。3廊式8スパンで中央のヴォールト軸と左右側廊は非対称の構成になっている。
本来，北側側廊には中庭が連続していたが，略奪された際に荒廃し，1860年に完全に取り壊され，連続していた壁は補修を受けていて，現在の広場はその空間の名残である。奥深い内陣と周歩回廊には放射状に礼拝室があるが，建設当初からの礼拝室は2つの半円部分である。地下礼拝堂には中世の壁画が残り，カロリング朝風の表現とされるが，かなりビザンチンの影響を受けた画風であろう。身廊と内陣の柱頭にも注目されたい。

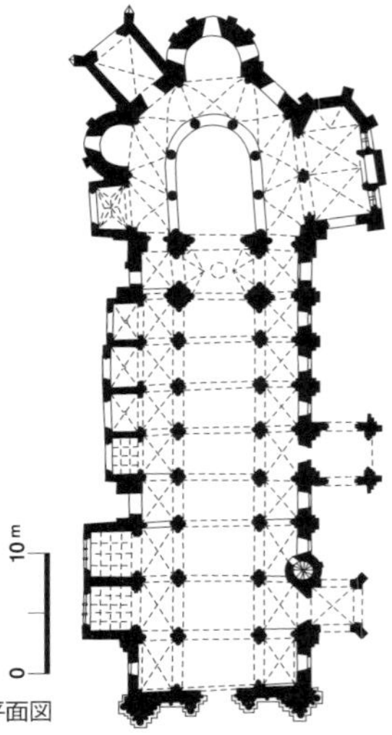

平面図

アクセス ➤地図 | p.175

鉄道駅からは急な坂道を登って町に入って行く。教会は町の中心にあってすぐ分かる。サン・ティレールは1.5kmほど離れている。

1 | 中庭を含む修道院施設があったが壊され，現在は広場の一部になっている。そのために，過剰なまでに繊細な線で構成されたファサードは十分な引きをもって鑑賞できる。建築というよりは彫刻の集合。

2 | 後陣柱頭詳細。

1

2

3

3 | ファサード彫刻詳細。全面的に彫りこまれた彫刻中央部分。

4 | 彩色の施された側廊付柱。

5 | 内陣柱頭部分から後陣を見る。

4

5

[ポワティエ]
Poitiers

➤サン・ティレール・ル・グラン教会

Eglise Saint Hilaire le Grand

独特のダイナミックな
内部空間構成。

歴史

ポワティエ生まれのイレールは高い教養を持つ異教徒であったが転向し，350年には司教に選ばれた。この地で葬られた後，西ゴート族の侵略を受け，768年にはサン・ティレールの名を冠した修道院がペパン・ル・ブレフに承認されている記録が残る。ノルマン人のたび重なる侵略を受け，863年にはサン・ティレール教会や集落が焼失している。868年に侵略者に対する最初の勝利をあげ，聖イレールの加護とされたが，9世紀の終わりに再度侵略を受ける危険が迫り，聖イレールの遺骨はポワトー伯爵の弟が司教を務めていたピュイへ運ばれた。遺骨はしばらく忘れられていたが，1657年になってポワティエへ戻された。現在の教会がほぼ完成したのは1049年とされる。

概要

ロマネスク教会の原型から発展した構成だが，身廊と翼廊との関係が他に類をみない独特の形式をもつ。
身廊のドームを載せる列柱と側廊を形成する列柱によって，身廊側廊の境界に柱が2列に並び，その間にダイナミックなアーチ梁を飛ばす複雑で美しい構造形式である。身廊の先端にクリプトと内陣のレベル差が2メートル以上の壁として表現され，その周囲に回廊が巡るのも独特の形式である。聖イレールの墓としてのクリプトを巡礼者に誇示する空間構成だったのかもしれない。
残念ながら最初の2スパンは衰退期に完全に損失し，19世紀に修復がなされている。したがってファサードも19世紀の作である。
翼廊には中世壁画，翼廊正面壁にはロマネスクの装飾がみられる。身廊奥から内陣後陣にかけていくつかのロマネスク柱頭彫刻が残っているが，中でも完成度が高く，興味深いのは，身廊と交差部の北側角の聖イレールの死の場面を表現した柱頭である。
教会参事会員の数は教会の繁栄のバロメーターであるが，1079年に60人を超える数字であったとされ，一般的に大きな教会が40人くらいであることを考えると，巡礼教会として十分に繁栄していたことが知られる。アレクサンドル3世は1177年にアキテーヌ地方で最も有名な教会はサン・ティレールであると発言しているが，そこからも当時の権勢がうかがえる。
サン・ティレールの冬の祭りは1月14日である。

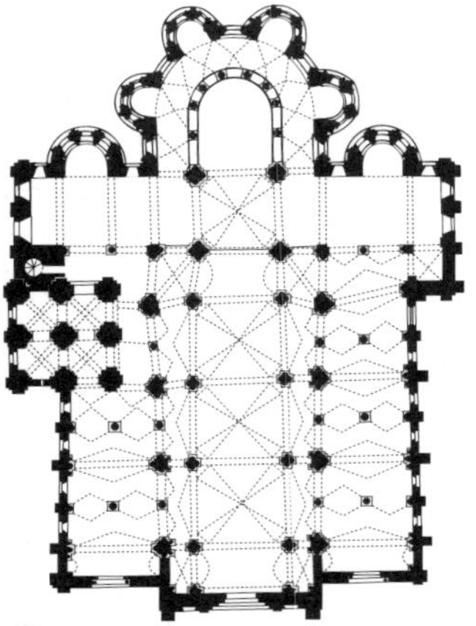

平面図

アクセス ➤地図 | p.175

ポワティエの駅から急な坂道を登って町に入って行く。教会は町はずれの南西方面にあるので分かりづらい。

1 | 身廊と側廊の間に2列の柱が並び，複雑な列柱と梁がつくる独特の空間。
2 | オリジナルを残す回廊式内陣。
3 | 複雑な構造形式をフィルターにして光が差し込み，石に陰影を与える。

1

2

3

[ショーヴィニー] Chauvigny ➤サン・ピエール僧会教会 Ancienne Collégiale Saint Pierre

丘の上の要塞中央に象徴的に建つ。
明るく透明な内部空間と独特の彫刻。

歴史

ポワティエの司教が10世紀にこの地を獲得し，司教イサンベール1世の頃（1047年頃）教会の建築がはじめられたとされる。ポワティエの大聖堂と同じ聖人を祭るのはこうした理由と考えられる。標的になりやすい要衝の地であり，教会脇のグゾン要塞が最初につくられて以降，司教や土地の有力者らによって周囲に要塞が建設され，最盛期には5つの城に守られた城砦都市であった。1569年と1652年には新教徒らの攻撃を受け，略奪と破壊が行われたことが記録に残っている。

概要

丘の最上部にあって要塞と隣り合わせの限られた空間に建設されている。
教会前の狭い広場から眼下に広がる街を振り返ると，断崖の先にポワティエからのアプローチとなる道路が一直線に教会に向かっていることが分かる。門をくぐって中に入ると，非常に明るく，上昇感が強く演出された空間に飛び込むことになる。明るいグレーの石灰岩と射し込む光のハーモニーが，空間全体に軽さと透明感を与えている。
後陣の周歩回廊の天蓋装飾や表現主義的な柱頭などは，残念ながら後補の赤い装飾的なペイントが施されているが，特に柱頭の主に新約聖書を語る彫刻は独特の民俗的香りを持つナイーブな表現がみどころである。東方三博士の礼拝の彫刻上部に「Gofridus」とあるのは，彫刻家の名前であると考えられている。
傾斜地にせり上がるような造形をもつ後背部には，独特のカーブしたパラペットが立ち上がり，ピラミッド状に盛り上がる形態を効果的に表現している。

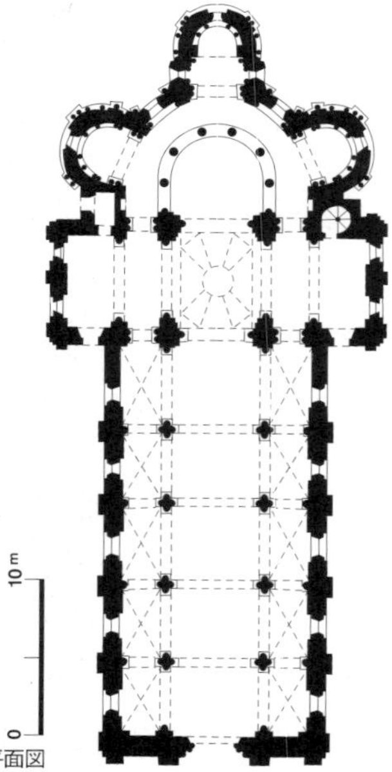

平面図

アクセス ➤地図 | p.175

ポワティエより東へ23km。ポワティエ[2]よりN151でショーヴィニー方面へ約20km。国道より左折して急な坂道を登った高台にある。

1 | 丘の頂部に城砦と並んで建ち，麓から眺めてもモニュメンタルである。サン・サヴァン方向から見る。
2 | 内陣回廊の柱頭彫刻。主に聖書の物語が中心となる。Gofuridusは中央右側正面である。
3 | 明るい彩色の壁面と，せいの高い列柱にともなう大きな開口部が，透明感を感じさせる明るい環境を作っている。

1

2

3

[サン・サヴァン・シュール・ガルタンプ]
Saint Savin sur Gartempe

➤サン・サヴァン・エ・シプリアン修道院

Ancienne Abbatiale Saints Savin et Cyprien

旧約聖書を描く
中世最高最大の天井画。

歴史

ベネディクト会改革派の僧聖ブノワ・ダニアヌが，ルイ・ル・ピオーの承認（817年）を得てこの地に最初の修道院を開く基礎をつくり，最初の教会建設は853年頃と推測される。直後にノルマン人の侵略を受けたがこの地の損害は大きくなく，多くの聖人の遺骨を避難先として受け入れていたようである。11世紀になると修道院は拡大を始め，ポワトー伯爵夫人オモドの財産献上や1093年のポワティエ司教ピエール2世による多くの教会献上などによって現在の教会が建設されたと考えられる。尖塔は14世紀の建設であり，17世紀にはたびたび新教徒らによって破壊された記録がある。

概要

ガルタンプ川を背後にし，約78mのゴシック風尖塔の鐘楼をもつ大教会。世界遺産にも指定された天井画が特に著名で，パリのシャイヨー宮にはこのレプリカが展示されている。一気に天井ヴォールトまで立ち上がった列柱から上は，数々の旧約聖書のエピソードが盛り込まれた11世紀最高最大のフレスコ画が展開する。高窓から巧妙に採光された天井画は南北半分をさらに2つに割り4列の構成になっているが，入口からみて北側3スパンの2列が創世記，その先北側中央から進んで交差部で折返し南側中央を戻り，入口で折返して南側廊側を進み，北側側廊よりの4スパンめへ飛んで交差部まで戻るという順番でみると，カインとアベル，ノアの方舟，バベルの塔，アブラハム，ヨセフ，モーゼという流れで見ることができる。壁画はこのほかに入口上部のトリビューンとクリプトにもほぼ同じ筆の作品が残っている。トリビューンにはキリストと使徒が描かれ，クリプトは聖サヴァンと聖シプリアンの殉教を題材とした天井画および壁画がある。現在クリプトは保存のため一般公開を行っていないため，通常の手段では残念ながらこの壁画を見ることはできない。本来このクリプトに聖サヴァンの遺骨を納めた石棺があったとされるが，17世紀の新教徒の侵入によって川に捨てられてしまい現存しない。

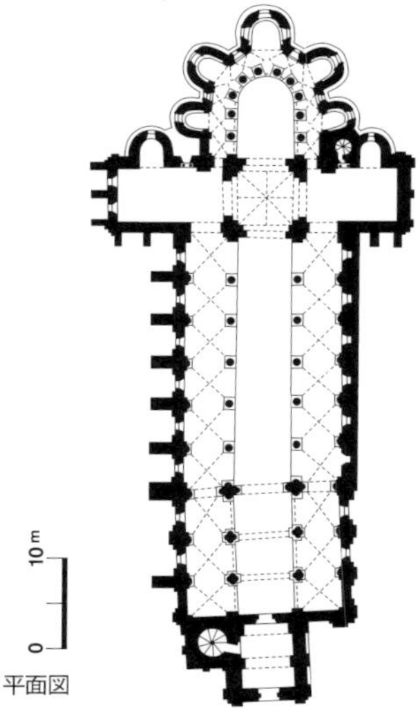

平面図

アクセス

➤地図 | p.175

ポワティエより東へ42km。ポワティエ[2]よりN151でChauvignyを経由してサン・サヴァンへ。人口約1000人くらいの小さな村だが，修道院は突出した尖塔のシルエットですぐ分かる。

1 | ガルタンプ川から後背部を見る。河岸に沿って伸びる建物は旧修道院建築。

1

2

2｜天井まで到達する高い身廊列柱に側廊から象徴的な光線が射し込む。

3｜天井画詳細。ノアの方舟部分。

4｜天井ヴォールト全体が旧約聖書を物語る絵巻のようである。修復の筆が加わり肉眼で詳細までは確認できないので，オペラグラスを用意すると良い。

5｜天井詳細。上にアベルとカイン，中央にアブラハム，下にイサクとヤコブが描かれている部分。

3

4

5

[シヴレー] Civray ➤サン・ニコラ教会 Eglise Saint Nicolas

6つの大きなアーチによる明快な構成のなかに
大胆な彫刻群をもつファサード。

歴史

古くはSivraiと書かれたが，その名前はセヴェリオクム，あるいは「シヴェリウスの領地」の意であり，3世紀のこの地域に関するローマの土地台帳にその記載がある。正確な建設の記録はなく，1118年の教皇への報告書にはシヴレーの教会に関する記述があるが，現存する教会との関係は定かでない。おそらくゴシック風の改造を受けながら12世紀終わりに完成したと思われる。宗教戦争の時代に彫刻がはがされ，修道院が火事で焼け落ちているが，その後ほとんど改造を受けず19世紀まで存続した。

概要

村の中心にある広場の角を押えるように四角いファサードが街並みを作っている。19世紀に行われたファサードの解体と再構成の修復事業に合わせ，大きな修復が全体にわたって行われた。鐘楼の屋根部分はこのときに追加され，ファサード上部の2つの小尖頭はこのときに根拠なく追加されたものであり，入口の半円タンパン部分もこの時の追加部分である。ファサード彫刻は上段左が楽器を演奏する人々のアーチ中央に，おそらくコンスタンチヌス帝の騎馬像が描かれていたと考えられ，中央は聖ペテロと聖パウロを中心に上部アーチに6人の騎士が描かれる。右には黙示録の12老人を描いたアーチの中に上段が4人の福音使徒，下段に5人のおそらく聖ニコラにまつわる人物像が描かれている。下段の中央アーチには内側から，キリストを中心とする天使たち，キリストを中心に賢い女性と軽率な女性（ランプを正しくもつ女性と逆さまにもつ女性を描く），聖母昇天，12星座と12カ月の仕事などである。アーチ状に展開する彫刻はポワティエ風でいずれも高い質を誇っている。教会内部は鮮やかな塗装が施されているが，すべて19世紀後半のものである。南翼廊のフレスコ画は聖ジルの逸話を描いた13―14世紀のものとされている。

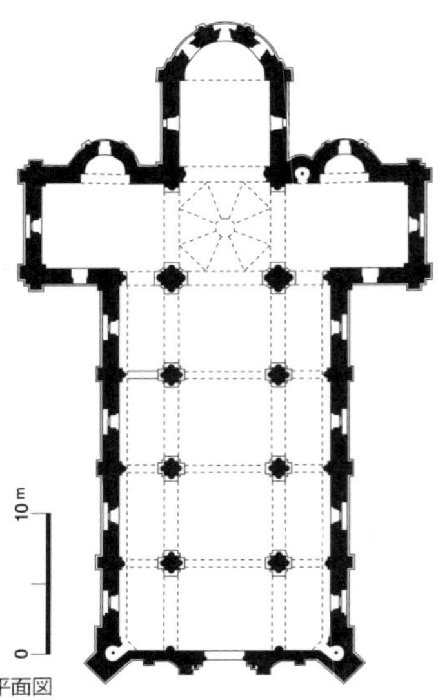

平面図

アクセス ➤地図 | p.175

ポワティエより南へ50km。ポワティエ[3]よりN147でLussac les Chateauxをめざし，手前約4.5kmの地点Civrayのサインがあるところで D83を左折，約3km。村の小さな広場に面している。ショーヴィニー，サン・サヴァンと比較的近いのでポワティエからタクシーをチャーターして一日でまわるのも可能。

1｜ある季節，時間によって劇的な光の効果が得られる内陣柱頭彫刻。

2｜後世の色づけで華やかな感じさえする内陣柱頭彫刻詳細。

1

2

[オネー] Aulnay ➤サン・ピエール教会

Eglise Saint Pierre

ポワトーでも最も密度の高い
タンパンの彫刻群。

歴史

教会の起源ははっきりしないが，ローマ時代にはオネドナクム（AunedonacumつまりAunay）という名であり，教会の周辺に軍人の墓地などが発見されていることから古くから葬祭の行われた場所であったと考えられている。教会の存在は10世紀頃からと考えられるが，12世紀はじめにポワティエのベネディクト派サン・シプリアンに所属する教会となり，1122年からポワティエのサン・ピエール大聖堂に所属している。現教会の建設年代は諸説あって，1170年頃が有力視されており，身廊からファサードと側廊内陣や南ファサードはそれぞれ別の2グループの職人たちによって建設されていると考えられる。西側に張り出すバットレスは15世紀の後補である。

概要

糸杉が象徴的に並ぶ穏やかな環境にあって，異彩を放つ2つのファサード彫刻はポワトーで最も重要なロマネスク彫刻に数えられる。
南ファサードの破風彫刻は，外側と内側に動物と人間の混在した自然宇宙観を表現していると思われる部分と，そこにはさまれた24人の人物と31人の人物が描かれたアーチで構成される。後者は黙示録の世界を描いていて，精神世界の象徴と思われる部分を自然宇宙の間にはさんだと考えられる。上部には窓まわりのリブに沿って4人の天使が描かれている。
西側ファサード中央には，やはり4段にアーチが重なる構成で，外からカレンダー，聡明なる聖母・怒れる聖母，美徳・悪徳，神秘の羊，と呼ばれている。リブに沿って人物を描くスタイルはアングレームからであると考えられるが，これほどに緻密にまとめあげられた彫刻アーチ群は他に類をみない。両側のアーチ彫刻は，左に聖ペテロの磔，右にキリストを中心に聖ペテロと聖パウロを描いている。キリストを中心に両側に座る人物像は，明らかにビザンチン起源の彫刻に見られる，キリストと聖母マリア，洗礼者ヨハネという組合せの図像を参照したものであろう。
建築の構成では，計画的なレベル構成によって，入口から階段を下り，次第に内部に吸い込まれてゆくような効果をだしていることに注目したい。空間構成は典型的だが，主に高窓からの採光に限定することによって後陣の三連窓の明るさが際立ち，ドームに1つだけ穿たれた開口から印象的な一筋の光が照射している。
内部の柱頭彫刻も多くの興味深い図像が盛り込まれていて必見である。

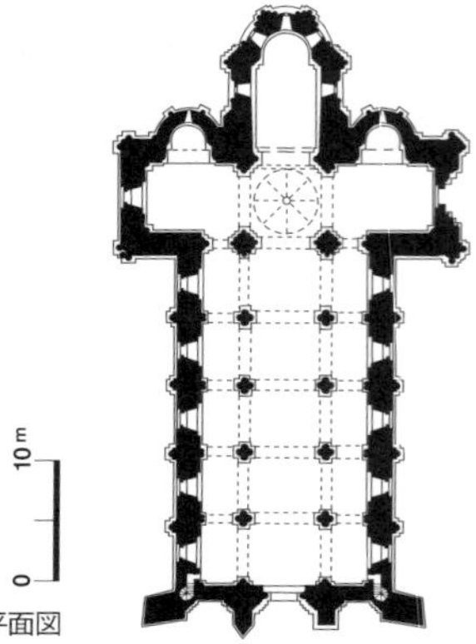

平面図

アクセス

➤ 地図 | p.175

サントより北東へ40km。ポワティエ[5]よりN11でLusignanへ，D950に乗り換えてSt.Jean-d'Angély方面へ。約70kmでオネー村のサインあり。村は道路より左に少々入ったところにあり，教会は村のはずれにある。

1 | 南側門のアーチ彫刻。籠彫りのような繊細な彫刻はポワトーの最高傑作。
2 | 後背部よりみる教会全景。

1

2

3

3 | 西ファサード左側の飾り門タンパン彫刻。聖ペテロの磔。

4 | 交差部の柱頭彫刻。象の彫刻はきわめて珍しい。ブルゴーニュのペルシー・レ・フォルジュに1例あるのみである。柱頭彫刻は主に旧約聖書の題材を描いている。

5 | 墓地に面したファサード。バットレスは後補による。

4

5

[サント]
Saintes

➤サント・マリー・オー・ダーム修道院

Ancienne Abbatiale Sainte Marie aux Dames

**美しい鐘楼をもつ
優雅な女子修道院。**

歴史

サントに伯爵がいなくなってから，権力は各地の権力者の手から手に渡ったが，アグネス・ド・ブルゴーニュが先夫ポワティエ伯爵を亡くし，アンジュ伯爵ジョフロイ・マルテルと再婚することによってアンジュ伯がセントの権力を握ると，彼女の希望で1047年に有力家族の子女を対象とした女子修道院を建設した。設立時には4人の枢機卿，7人の司教，多くの貴族たちが出席する華やかな献納式が行われた。1049年には教皇レオン9世が承認し，教皇庁直接の加護を受ける修道院となっている。12世紀にファサードや鐘楼などに大きな改造を受け，ほぼ現在の形態になった。イギリスの支配を受けた後にフランス王国に戻ると，革命まで王立の修道院としての地位をもつこととなった。1608年と1648年に火事の被害を受けるが，フランソワ1世とフランソワ2世の支持によって復興している。修道院の経営はコンスタンスからはじまり30人の女子修道院長が引き継いで1792年まで続いた。

概要

11世紀の教会は3廊式のバジリカ形式であったが，基礎と外壁をそのままに現在のドームを載せる形式に変更された。ドームを載せるためには正方形平面を作らねばならないが，その痕跡が変則的に重なり合う柱に表現されているのである。戦乱で落ちたドームは今世紀の修復によって簡易な木製天井となっている。鐘楼は正方形平面の上に周囲を優雅な装飾で包む円柱と4隅の尖塔を載せ，最上部を円錐で押える繊細で美しい塔である。
正面ファサードの中央には8つのアーチと柱頭で構成される門があり，プロテスタントによる破壊の跡が生々しいが，一番目のアーチは神の手を中央に天使たちを描き，3番目のアーチは中央のキリストを象徴する羊と4使徒，5番目は幼児虐殺や殉教の場面，7番目は54人の人物などが描かれている。左右対称の装飾扉のアーチは右に最後の晩餐，左に女性の昇天を歓迎するキリストが描かれている。
周囲は近年整備され，庭園の中にルネッサンス時代の修道院建築と一体の構成として演出され，現在はない中庭部分は緑地として象徴的に表現されている。旧修道院は現在，修道院の歴史を展示する博物館および地域のコミュニティー施設となっていて，ここから鐘楼にも登れるので，ここも拝観しておきたい。

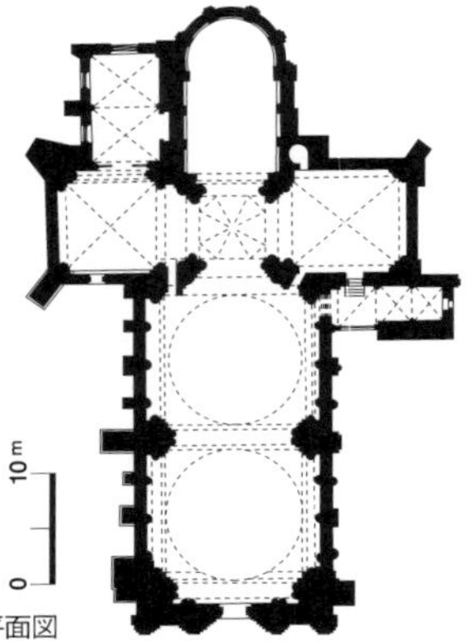

平面図

アクセス

➤ 地図 | p.175

ポワティエより南西へ127km。アングレーム[6]よりN141でCognacを経由し75km。小さい町なのですぐ分かる。もう1つの大ロマネスク教会Saint Eutroupeは丘の上にある。夏は大混雑するので注意。

1 | 正面ファサード側外観。サント地方の特徴である3列構成をみせているが，内部空間は2連のドームで，整合性はない。
2 | 全体に線の細いアーチで構成された正面ファサード。
3 | 中央の8重アーチ詳細。人物と装飾要素を交互に展開する。

1

2

3

[タルモン] Talmont

➤サント・ラドゴンド教会

Eglise Sainte Radegonde

彫刻的なヴォリュームの外観と
美しい光が演出される内部空間。

歴史

1094年にタルモンの豪族ラムニュフによってジロンド川沿いに建つ要塞の基礎が築かれ，その中央に1140年から1170年ころベネディクト派のサン・ジャン・ドジェリ修道院に所属する教会として建設された。クリプトにはクロテール1世と結婚し，587年に没した聖ラドゴンドの遺物があるとされている。現在の崖側には本来付属する建物が建設されていたが，侵食によって損失し，正面ファサードも12世紀中に一度改造を受けた後，15世紀には1スパンを失い，これ以上の損害を免れるためにバットレスによって補強されている。

概要

聖遺物をもつことによってコンポステーラへの重要な通過点と見なされていた教会。ジロンド川の断崖で孤立して建っているのは河岸が徐々に侵食された結果である。本来は身廊が存在したが，削られてほとんど集中形式のような形態となっており，クリプトの納骨室も1スパン失ったことで大きく改造されている。崖に建つ幾何学的な緊張感のある美しい外観は，引き潮の水の引いたときに河岸下方から眺めるのが良いだろう。
内部は，ルネッサンスを思わせるドームと彫りの深い礼拝室に，印象的な翼廊の丸窓から一条の光が照射して視線を引きつけるという内陣の計算された光の演出が美しい。柱頭彫刻やタンパン彫刻は主に動物や植物の質の高い作品が集まっているが，特に巡礼路の題材として聖ゲオルギウスの戦いを扱っているので注目されたい。
屋根は近年オリジナルの形態を守りながら架け替えられた。

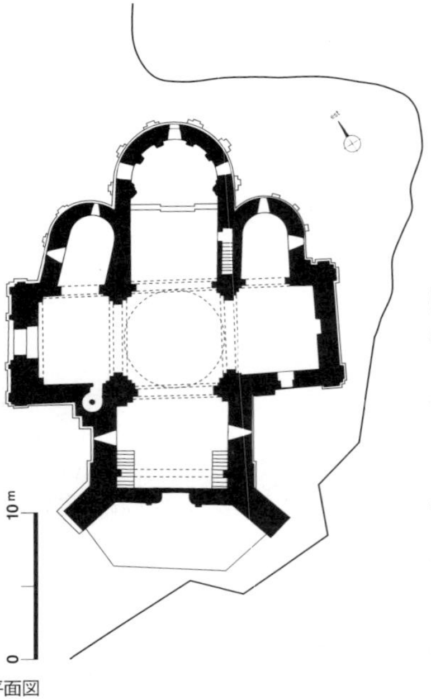

平面図

アクセス ➤地図 | p.175

Saintesより南西へ35km。アングレーム[6]よりN141でCognacへ，D732でPonsを抜けCozesまで，D114で約7.5km。タルモンはジロンド川の河口にある村で紫外線が強いので注意。夏は海水浴客で大混雑する。

1 | 北側翼廊にある門上部のアーチ装飾。繊細な彫刻はこの面のみあって，これ以外はヴォリュームの構成だけをみせている。

2 | 後背部からの外観。海に向かう象徴的な断崖に位置する。象徴的な集中形式も結果としてふさわしいかもしれない。

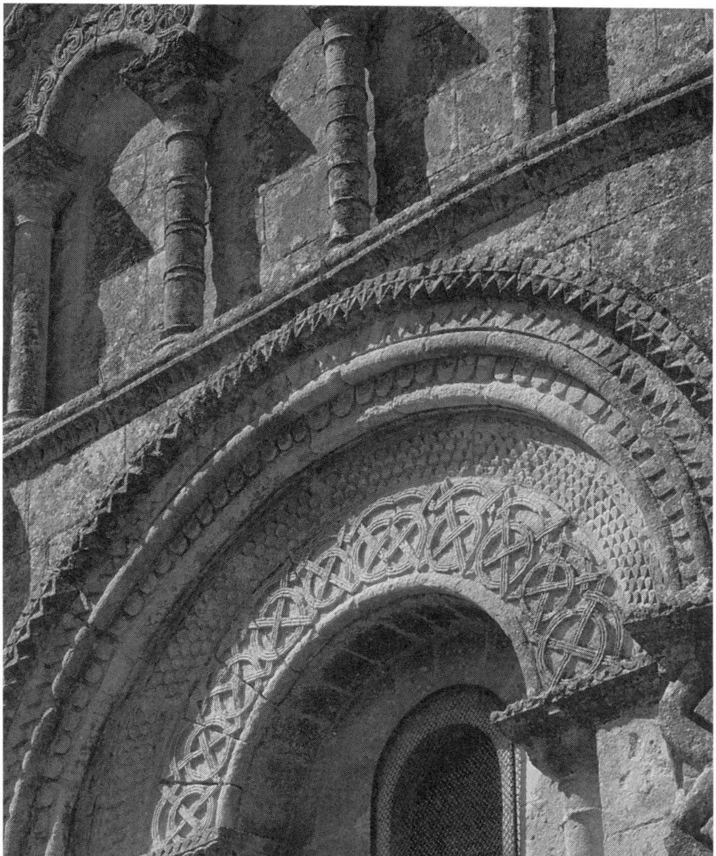
1

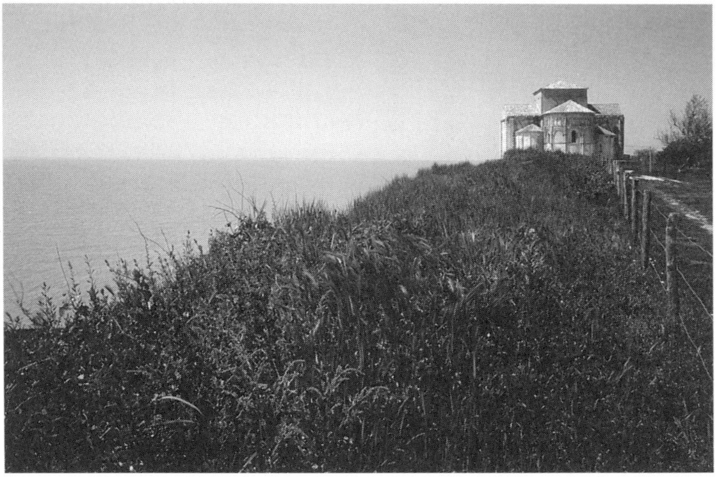

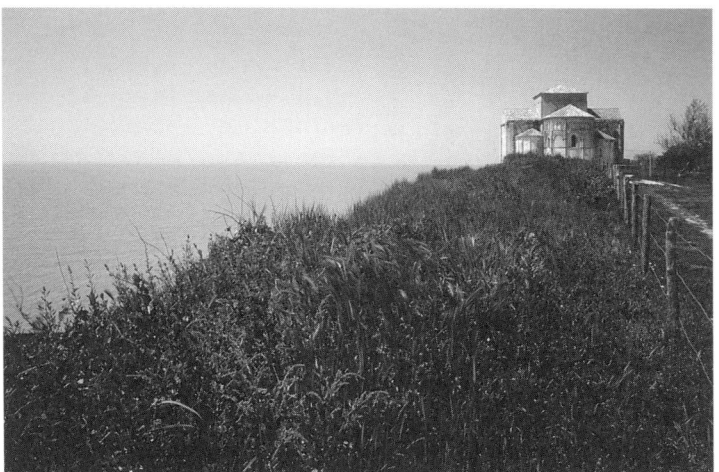

2

[アングレーム] Angoulême ➤サン・ピエール大聖堂 Cathédrale Saint Pierre

ビザンチン風の大会堂。
「ローランの歌」彫刻を含む豪華なファサード。

歴史

4世紀から教会は存在したとされるが，西ゴート族から解放された後，508年に建設を開始，566年にグレゴワール・ド・トゥールによって献納式が行われたとされるのが最初の記録である。ノルマン人の侵略によって破壊された後，991年から建設され1015年に献納した教会は現在の教会の基礎となっている。1102年に選出されたジラール司教は教皇特使の役割をにない，ピレネーからブルターニュまで各地を旅した結果，新しい教会建設の形式をドームが一列に並ぶペリグーのサン・テチエンヌ教会に範をとることとし，1114年頃から新たな建設がはじまった。司教の特使としての権限は更新され，トゥールーズのサン・セルナンを訪れると1118年のトゥールーズ司教の死に合わせて，サン・セルナンで働いていた彫刻家を招き，ファサード一階部分をまかせている。同時に中庭や修道院施設の建設が進み，1136年ジラールが没する頃には施工の難しかった身廊および交差部のドーム以外の建設は終了していた。1562年と1568年のプロテスタントによる略奪でドームは崩壊した。

概要

半球ドームを連ねるビザンチン風で，スケールの大きな独特の空間構成をもつ。この形式はペリゴールを中心とする南西フランスにのみ存在し，代表的な例はペリグーのサン・テチエンヌ，カオールの大聖堂，スイヤック，ソリニャックなどにみられるが，リブを柱で受けるのはアングレームだけである。1スパン目は19世紀の再建になるものであり，その差は顕著である。破壊と修復が繰り返されているが，ラディカルな修復が平然と施された部分もある。正面上部の破風飾りや尖塔，小鐘楼などは19世紀になって追加されたものである。
ファサード彫刻はキリストを中心として使徒たちを描く部分と悪魔を描く部分が主であるが，ジラールの命による部分は質の違いを見せつけている。1階のアーキトレーヴの列にある一連のレリーフは，サラゴサへのキリスト教軍派遣の際に作られた「ローランの歌」の場面を描いている部分で，右から2番目の破風に守護聖人聖ペテロが描かれている。タンパンをはさんだ中央より左右破風上にある彫刻は，修復と称されて1866年に後補されたもので，基本的にファサードの成り立ちとは関係がないので注意。ジラールの墓は教会外部の身廊と翼廊の北側入隅部分にある。
城壁都市としての周辺環境も魅力的。博物館拝観を含め，ぜひ町を散策したい。

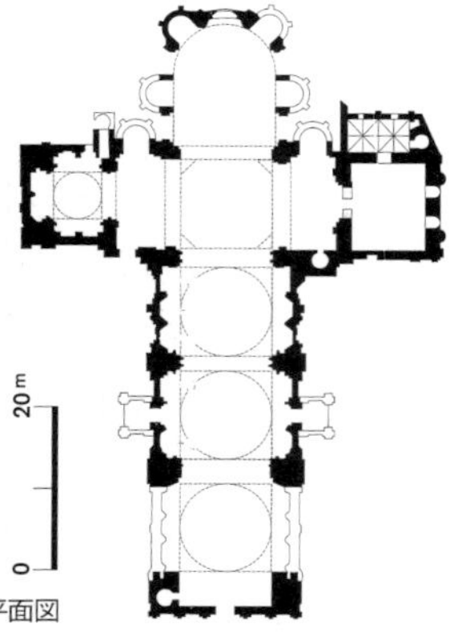

平面図

アクセス

➤地図 | p.175

アングレームの駅より旧市街に入って，徒歩約20分。駅より市内バスあり。教会の前からの眺望がすばらしい。高台にある町なので車で郊外に出るには一度外周道路に出なければならず，注意が必要。

1 | 正面ファサード上部詳細。4使徒に囲まれ昇天するキリスト像が中央に描かれる。この部分から上は19世紀に追加されたものである。本来連続ドームの構成に2つの塔や破風は必然ではない。

2 | 最後に載せられた交差部ドーム部分。ドームを並べることで軸の方向性を与え，バジリカ式のように交差部と翼廊があるが，連続するドームの迫力がまさる。

1

2

[ラ・ソーヴ・マジョール] La Sauve Majeure

➤サン・ジェラール修道院 Ancienne Abbatiale Saint Gérard

ポワトーの豊かさとペリゴールの厳格さを
兼ね備えた大修道院の廃墟。

歴史

クリュニーの僧，聖ジェラールがオートヴィル城の廃墟「Salva Major」に引きこもったのが1079年。1080年から施設の建設をはじめ，早くからボルドーの支持をとりつけることによって多くのパトロンを獲得し，1083年には教区教会の建設を終え，サン・ピエール教会と命名した。ジェラールが没した1095年には300人の僧を数え，農耕，酒造，関税によって潤っていた。1197年に創設者の名を修道院の名としたのは，巡礼者の聖遺物巡礼による恩恵を考慮してのことと考えられる。1179年にバスクとナヴァレスによる略奪を受け，第8代修道院長ピエールは資金を集めてペリゴールの石工ロベール・ダゴナックに再建を依頼した。1231年ボルドーやオシュの枢機卿を招く献納式が行われ，それ以後16世紀までほとんど衰退することなく勢力を維持した。フランソワ1世の統治時代に行われた税制変更は修道院に最も大きなダメージを与え，施設の荒廃がはじまった。1660年には借金によって辛うじて施設を維持したことが記録に残され，1759年の地震は決定的な損害を与えることとなった。

概要

丘の上に大きく聳える廃墟は隆盛期の壮大さを想起させるに十分な遺構である。かつての深い森はブドウ畑に変わり，豊かな自然が広がる緑地の只中にある。ベネディクト派の典型的なプランをもつ修道院で，空間構成もバジリカ形式の教会と中庭を中心とする諸施設がコンパクトにまとまって配置されている。
身廊は各スパンにリブをまわす半円ヴォールトだったことが知られるが，現在では比較的残っている内陣まわりの半円アーチを中心としたシンプルで力強い意匠構成からそのスケールを想像するしかない。
したがって最も興味深いのは数多く残る独特の柱頭彫刻である。旧約聖書，新約聖書，架空の動物，植物などの題材が混じっているが，彫刻家は主に3人ではないかと考えられている。中でも最もすばらしい技術と精神性を発揮しているソーヴのマイスターと目される彫刻家の作品が，「洗礼者ヨハネの首切り」，「サムソンの一生」，「ライオンの尻に座るダニエル」，「原罪」などのテーマによる作品であり，その質を他と比較しながら鑑賞されたい。これに加え，「キリストの黙想」や内陣の太い柱に強烈に表現された空想の動物群もきわめて独創的な質の高い作品であり，これも必見である。

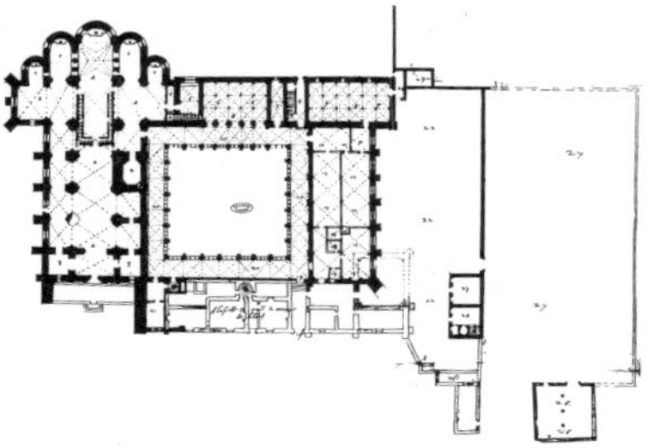

平面図

アクセス

➤地図 | p.175

ボルドーより南東へ29km。ボルドー[3]よりD936をBergerac方面へ約14km走り，PlanteyreでD671をLa Sauve方面へ右折，約15km。

1 | 旧修道院の建物が展開していた南側より廃墟を見る。鐘楼手前に中庭があった。
2 | 内陣右側から屋根の落ちた内陣を見る。ずんぐりとして力強い柱にはさまざまな動物の彫刻がちりばめられた柱頭が載る。

1

2

Poitou, Aquitaine ……………………その他の見所

ポワトー――アキテーヌで足を伸ばすなら

アキテーヌ北部は，いわずと知れたボルドーを中心とするワインの一大生産地である。なかでもガロンヌ川の左岸には5大シャトーを含む著名なシャトーが連続し，ボルドーからのツアーもオーガナイズされている。大西洋岸では牡蠣の養殖が盛んで，ソーテルヌの白がベストマッチングとされている。右岸にはソーヴ・マジョール近くにサン・テミリオンがあって，親しみやすい赤ワインが楽しめる。

傾斜地にある街も美しく，滞在するにも好適である。サントから東へ25kmにある小さな街コニャックは，名前の通りコニャック生産地帯の中心。コニャックの名はこの地のブランデーにのみ与えられる。決して一流品とはいえないワインを土地で産するオーク樽で寝かせることによってこの土地でしか生むことのできぬ豊穣な風味のブランデーに変化させる。ブランデー貯蔵庫めぐりのツアーもあり。タルモンの北には城砦島のある海辺の町ラ・ロシェルがある。映画でも有名なロマンチックな街である。

Rioux Eglise Notre Dame

Blasimon Abbatiale Saint Nicolas

LIST ……その他の主な教会

[Civaux] ➢ Eglise Saints Gervais et Protais

[Ingrandes sur Vienne] ➢ Eglise Saints Pierre et Paul

[Nouaillé Maupertuis] ➢ Ancienne abbatiale Notre Dame et Saint Jurien

[Charroux] ➢ Abbatiale Saint Sauveur

[Poitiers] ➢ Sainte Radegonde ➢ Saint Jean de Montierneuf
➢ Saint Porchaire ➢ Saint Hilaire de la Celle

[Airvault] ➢ Ancienne abbatiale Saint Pierre

[Saint Jouin de Marnes] ➢ Ancienne abbatiale Saints Jouin et Jean

[Melle] ➢ Eglise Saint Savinien ➢ Priorale Saint Hilaire ➢ Priorale Saint Pierre

[Rétaud] ➢ Eglise Saint Trojan

[La Lande de Fronsac] ➢ Eglise Saint Pierre

[Saintes] ➢ Eglise Saint Eutrope

[Rioux] ➢ Eglise Notre Dame

[Blasimon] ➢ Abbatiale Saint Nicolas

ロワール地方
荘厳な壁画を見る

8_ Val de Loire ロワールのロマネスク教会

ロワールという地域は川の名前以外に地域名として存在するわけではないが，一般的にロワールの谷(Val de Loire)沿いの一帯を地勢的に総称することが多く，ここではその慣例に従って一つのグループとして紹介する。

こうした名称上の問題は実際に水陸における通過交通の中継点として発達した経緯をそのまま表現していて，10世紀から11世紀にかけて多くの教会が建設されているが，必ずしもその総体としての表現のまとまりを評価することはできない。さまざまな影響を他の周辺地域から受けることによってそれぞれに多様な表現を成立させているというのが実態である。その中でも中心的な存在はフルリー修道院，すなわちサン・ブノワ・シュール・ロワールである。聖ベネディクトゥスの聖遺物を持つことによって巡礼地として十分な魅力をもつにいたった教会は，雄大な身廊，ゴズランの塔の彫刻や内陣の柱頭彫刻などをもち，発掘によって本来壁画もあったとされ，すべての点でこの地域での総合的で代表的な表現を有している。

彫刻ではその他にサン・テニャン・シュール・シェール，オルレアンのサン・テニャンのクリプトに独特の表現が見られ，それぞれ時代に差があっても，いずれもナイーブで民俗的な味つけによる物語の理解を与えるための彫刻である。

壁画はロマネスクの作品として代表的な存在であり，各地に数多く存在するが，特にモントワール・シュール・ロワールとその周辺にあるサン・ジル礼拝堂，ルヴァルダン，サン・ジャック・デ・ゲレはモントワール3部作として完成度が高く，それに続きサン・テニャンのクリプト，ブリネイ，リジェ，ポンセなどに作品がある。タヴァンは独立して残るもう一つの異なる筆跡として興味深い。こうした作品群は彫刻よりさらに理解の早い，教育的効果の高い物語を語っていたと思われる。

空間構成でも定型を見いだすことはできないが，唯一，一つの傾向を特徴的に見せているのが，サン・ブノワの直線的な空間に高窓から射す光が作り出す調和が，キュノーでさらに美しく効果的に演出されていることである。多くの人にとって，光の調和がロワールで最も印象的に捉えられる印象となろう。

空間で特筆すべきはジェルミニィ・デ・プレの他に類を見ない集中形式である。唯一の平面形式はフルリー修道院長テオデュルフ個人の知識や感性から生まれたと考えられるが，その背景は，ビザンチン的な文化が当時の経済的な交流のなかで再生される素地があったのではないかという推測にとどまる。

主要都市 | Val de Loire

1 トゥール[TOURS]

2 オルレアン[ORLÉANS]

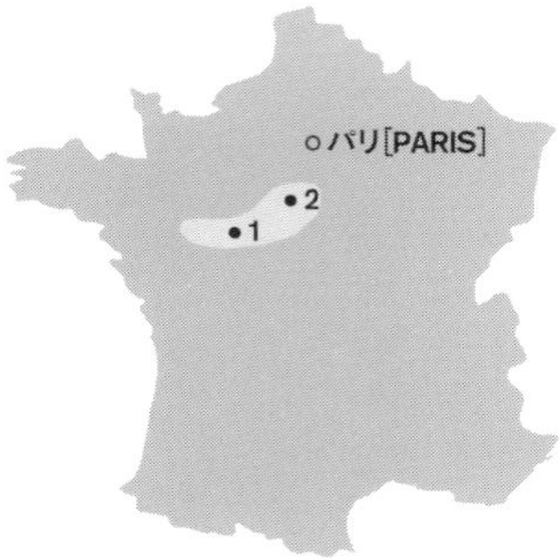

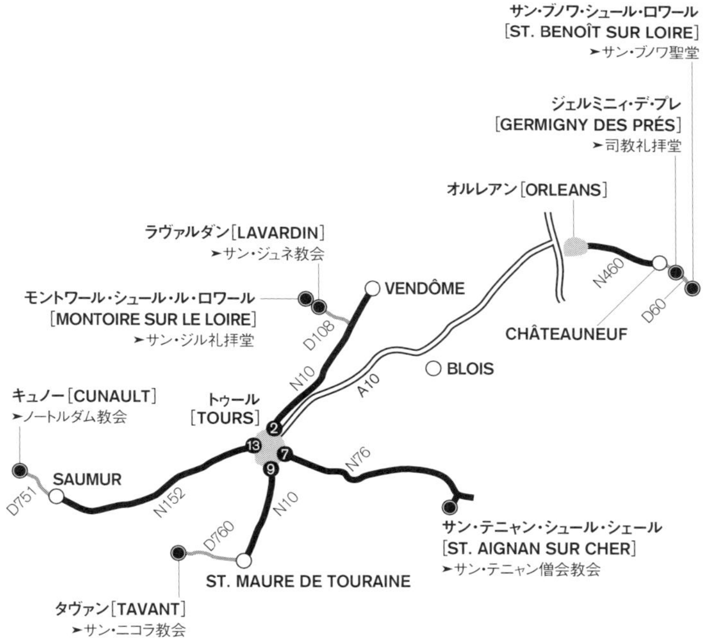

サン・ブノワ・シュール・ロワール
[ST. BENOÎT SUR LOIRE]
➤サン・ブノワ聖堂
ジェルミニィ・デ・プレ
[GERMIGNY DES PRÉS]
➤司教礼拝堂
オルレアン[ORLEANS]
ラヴァルダン[LAVARDIN]
➤サン・ジュネ教会
モントワール・シュール・ル・ロワール
[MONTOIRE SUR LE LOIRE]
➤サン・ジル礼拝堂
VENDÔME
N460
D60
CHÂTEAUNEUF
D108
BLOIS
N10
A10
キュノー[CUNAULT]
➤ノートルダム教会
トゥール
[TOURS]
2
13
7
9
N76
SAUMUR
D751
N152
N10
D760
サン・テニャン・シュール・シェール
[ST. AIGNAN SUR CHER]
➤サン・テニャン僧会教会
ST. MAURE DE TOURAINE
タヴァン[TAVANT]
➤サン・ニコラ教会

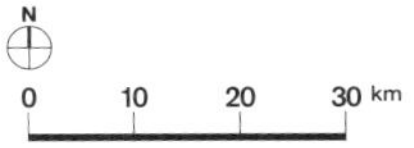

N
0
10
20
30 km

[モントワール・シュール・ル・ロワール] Montoire sur le Loire

➤サン・ジル礼拝堂

Chapelle Saint Gilles

ロマネスクを代表するフレスコ画『3つのキリスト昇天』。

歴史

800年頃に宗教施設の基礎がこの地にシャルルマーニュによって築かれたとされるが，現在の建物はマン司教区にあるサン・カレー修道院に所属する小修道院として，モントワールの豪族によって11世紀に建設されたと考えられている。聖ジルは6世紀から8世紀の間のいずれかの時期にプロヴァンスにて隠遁生活をした聖人であり，その伝説は多くの熱狂的な巡礼者をひきつけたが，その影響がマン司教区にも及んでいたことが命名の理由とされている。代々の小修道院長の中には，詩人ピエール・ロンサールの名も含まれている。

概要

土地の豪族による建築であり，田舎風の外観で，民家と類似した表現をもつ。本来，身廊の長さが4スパンの教会だったが，現在は1スパンを残すのみで，最盛期を測り知ることはできない。窓が異様に低いレベルにあるように見えるのは，川の氾濫によって1.2mほど地盤面が上がったためである。したがって外観のプロポーションも本来はまったく異なるものだった。
最大のみどころは，ロマネスクの壁画として代表的な作品の1つである後陣と両翼のフレスコ画である。いずれもキリスト昇天の図だが，後陣のフレスコが12世紀はじめと古く，両翼が12世紀の終わりと考えられている。
後陣は黙示録のキリストで，書籍を手に4福音使徒に囲まれている。周囲を取り巻く天使や動物たちは不思議な浮遊感を伴う豊かな動きをもち，タヴァンの壁画にも共通する作風が見いだせる。
南の翼廊は聖ペテロに鍵の権限を与えるキリストであり，衣服の動きと人の動作の大きさに時代の違いを感じる。北翼廊は使徒たちに聖なる精神を授けるキリストの図で，これも大きく揺らめく衣服の線に特徴がある。キリストの手の先からは各使徒へと線が結ばれ，消えて見えない右手からも同様に残りの使徒たちへの線が引かれていると考えられる。
モントワール近郊にはすばらしい壁画がある教会がこの他に2つある。ラヴァルダン，サン・ジャック・デ・ゲレである。近い距離にあるのでぜひ3つをまとめて鑑賞してほしい。同時にタヴァン（11月30日—3月1日休み。火曜休み）も壁画が見所の教会として特記しておく。

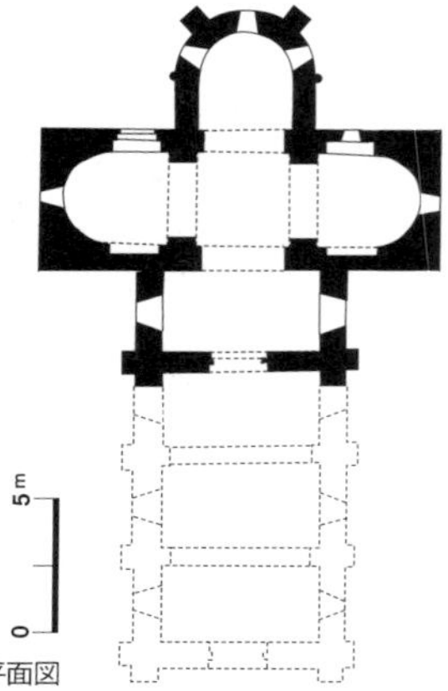

平面図

アクセス

➤地図 | p.205

ヴァンドームより西へ19km。トゥール[2]よりN10をヴァンドーム方面へ約36km，D108をMontoireへ左折，約14km。広場からロワール川方向へ進むと橋があり，渡ってすぐに右へ細い道を入り，突き当たりの門が礼拝堂の入口。礼拝堂の鍵は町の広場に面した喫茶店，Café de la Paixが管理している。ここで拝観料を払い，鍵を借りる。

1 | 右翼廊部分の天井画。
2 | ほとんど周辺の民家と区別のつかないヴォリュームであり，横の外観から身廊を寸断されたことが想像できる。
3 | 後陣壁面に描かれた聖人群像詳細。

1

2　3

[キュノー]
Cunault

➤ノートルダム教会

Eglise Notre Dame

絶妙の光で演出された内部空間。

歴史

トゥールの修道僧，聖マクサンソールの伝道がなされたのが4世紀頃。その遺骨を納める教会が建設されたのは7世紀とされる。アキテーヌ南部出身の聖フィリベールがサン・トゥーアン，レバ司教を経てジュミエージュの修道院を創設し，ノワールムーティエーで没したのは684年だが，ノワールムーティエーがノルマン人の侵入を受けてデアに移り，さらにシャルル・ル・ショーヴがトゥール司教ヴィヴィアン伯爵に与えたこの地が，逃れてきたデア司教に与えられたのをきっかけとして，846年，この地に修道院の基礎が築かれた。857年にはデアの全組織が聖フィリベールの遺骨とともにこの地に移転し，この地が危なくなると，長駆移転をした先がトゥルニュである。11世紀は小修道院であったが，マクサンソールの遺骨が巡礼者をひきつけ，12世紀後半には現在の建築がはじまり，13世紀はじめには完成している。

概要

豊かな自然が展開するロワール川岸にある大教会。周囲の土地が盛り上がり，塹壕の中に建っているように見えるのは，ロワール川の氾濫によるものである。
最初の建設は鐘楼からはじまり，西側3スパンが13世紀の後半に完成した以外はほとんど均質な建築であることが印象的である。天井ヴォールトまで届く柱によって非常に高い身廊と側廊がほぼ一体になった空間構成は，ポワトーに近い土地柄からポワトーに散見される先行建物からの影響も考えられる。その高さのダイナミズムに加えて，側廊高窓から進入する柔らかい光が明るい石の上をなめるようにふんわりと包み，それよりもさらに明るく演出された後陣回廊との光の対比が，絶妙の調和をもたらしている。
柱頭彫刻は全部で223カ所におよび，まったく同じものはない。聖書を中心とする多くの物語が描かれている。聖マクサンソールの遺骨は内陣回廊の南側礼拝室にある。
途中ロワール川の景観は美しく，Saumurのようにワインの名産地として知られる町もある。周辺の名勝地も立ち寄りたい。

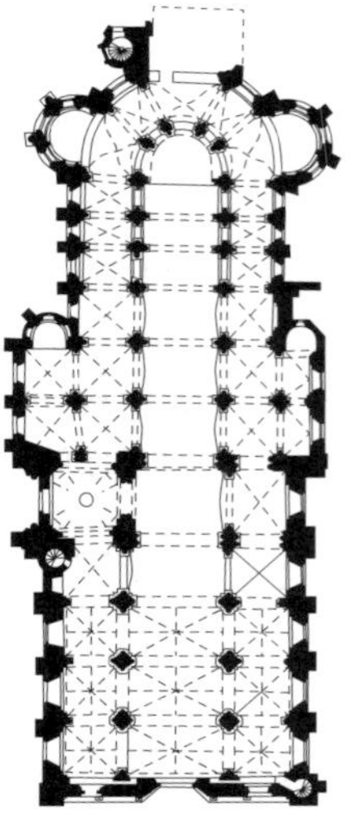

平面図

アクセス ➤ **地図** | p.**205**

Saumurより北西へ15km。トゥール[13]よりN152をSaumur方面へ，Saumurでロワール川を渡り，D751を右折，約15km。

1 | ロワール川からのアプローチ。せり上がるようなバットレスが印象的な鐘楼が中央に割り込み，入口門を形成する。

2 | 西側ファサード見上げ。聖母教会であることから，タンパン彫刻も中央に聖母子が刻まれている。

3 | 柱頭彫刻詳細。ぐるりと人物や動物が取り巻く構図が多い。

1

2

3

[サン・テニャン・シュール・シェール]
Saint Aignan sur Cher

➤サン・テニャン僧会教会

Collegiale Saint Aignan

クリプト礼拝室に展開する
明るい壁画群。

歴史

聖エニャンはオルレアン司教であった人物で453年に没している。ブロワおよびシャンパーニュ公爵ユデが10世紀の終わりにシェール川左岸に都市建設をはじめたときには，すでに隠遁僧によって作られたサン・テニャン教会が存在していた。その後この地は政治的な勢力争いに巻き込まれて所有者を変えていったが，現在に残る僧院は11世紀の終わりごろ内陣からはじまり，12世紀いっぱい身廊からファサードの建設が続いた。その後，土地の支配権は頻繁に変わっていったが，教会はそのまま16世紀の宗教戦争まで損害を受けることなく存続した。革命後に荒廃し，クリプトはワイン工場として使われていたが，決定的な破壊を受けることはなかった。だが，逆説的なことには，国の歴史遺産に指定された後の1888年に改修という名のラディカルな変更を受けている。

概要

大きな白い石の整った構成によるバランスの良い洗練された空間構成が魅力の教会であるが，いろいろな改修を受けたことによって特筆すべきものはなく，見所はクリプトの壁画にある。壁画は3つの小礼拝室のうち，北側礼拝室以外の2カ所と中央ドームの3カ所に分けられる。
中央ドームはキリストの栄光を題材にした典型的な壁画であり，左右の人物は聖ペトロと聖ヤコブである。左右の壁画は15世紀に描かれ，ドーム手前の最後の審判を描く天井画はさらに後年のものである。
中央奥礼拝室は3段の壁画に分かれ，最下段に模様とともにかすかに残る北側のキリストと南側の聖母訪問，2段目には2つの時代の異なる壁画が重なっていて下の層に法学者へのキリストの説教が描かれているが，その上に弟子を従えたキリストがラザロを復活させる場面が描かれ，対面するのはラザロと2人の姉妹マリアとマルタである。3段目は天井画であるが，中央に羊とその四方に聖人を描くが判別できるのはマタイとヨハネの2人である。
南側礼拝室も大きく分けて3つの層に分かれる。窓のレベルには人物と植物が描かれているようであるが，聖人と分かる程度以外には判別できない。その上に聖ジルのさまざまなエピソードを描いた層があり，その上に羊の盾をかざす2人の天使を描いている。ここではキリストのみが聖ジルに奇跡と善行を行う権利を与えているのだと読めると考えられている。この3カ所の時代判定は諸説あるが，前後関係はあってもほぼ同じ12世紀に描かれたと考えてよい。

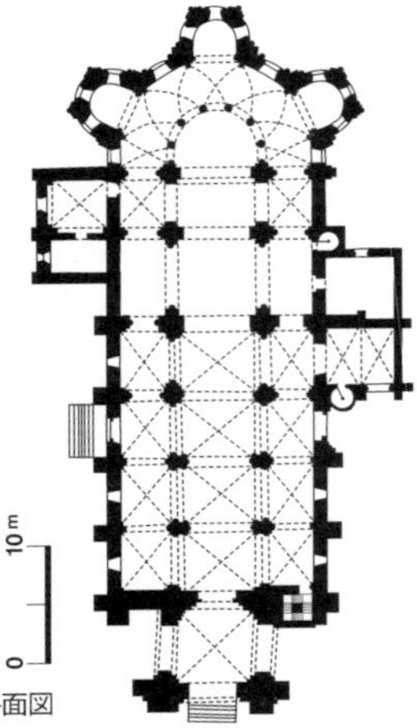

平面図

アクセス ➤ 地図 | p.205

トゥール[7]よりN76を一本道。約50km。

1 | 西正面に高い鐘楼を配し，ナルテックスをつくる形式。素朴で力強い構成。
2 | 川沿いに展開する街のほぼ中央にあって，川からの美しい景観の重要な要素となっている。

1

2

3

4

3｜クリプト中央礼拝室の天井画詳細。聖ラザロを教え諭すキリストの場面。

4｜川方向へ迫力ある量塊をみせる外観。

5｜クリプトの中央にある礼拝室の天井画。キリストを中央に聖ペテロと聖ヤコブ。

6｜クリプト南礼拝室天井画詳細。キリストを象徴する「神の子羊」を中央に描く。

5

6

[ジェルミニィ・デ・プレ] Germigny des Prés ➤司教礼拝堂 Ancienne Chapelle Palatine

フランス唯一の
集中形式を起源にもつロマネスク小教会。

歴史

カロリング朝に起源をもつ礼拝堂。オルレアンの司教，フルリーの修道院長で，シャルルマーニュの信任を受けたテオデュルフが自分の別荘にほど近いこの土地に礼拝堂を建設した。820年のことである。865年にノルマン人の略奪時に火災にあい，しばらく悲惨な状態にあったが，1045年から49年頃に修復され，集中形式に身廊が追加された。その後15世紀には窓が追加されるなどの改造が行われ，ロワール川の氾濫の影響で地盤のレベル変更が行われた。19世紀にはさらに修復の名のもとに建築家リシュが多くの改造を行い，新しい教会となってしまっている。

概要

小さな村のめだたぬ教会だが，テオデュルフのきわめて独創的なビザンチン風の内陣部分は必見である。オリジナルの集中形式平面はフランスに類似する空間をもつ教会がまったくなく，アルメニアに類似する建築形式が存在するとの説があるが，距離的には遠すぎることから，西ゴート族の建築がその間を埋めるものではないかと考える人もいる。テオデュルフがビザンチン的な祭礼を知っていたことも十分に考えられる。
いずれにしても唯一にして独特の礼拝堂は，美しい連続アーチ開口が穿たれたアーチ壁からの複雑な採光形式をもつ神聖なる空間を現在に至るまで保有している。バジリカ式の身廊が追加されてしまったのは，サン・ブノワ聖堂へ向かう多くの巡礼者をひきつけるための拡大策であったにしても，19世紀の改造は多くのオリジナルな意匠構成を意味のない勝手な判断で壊してしまっていて，当初の空間を体験できないのは残念である。内陣のモザイクは，本来あった金色の部分の輝きを別の部材に置き換える修復が行われたために，オリジナルとはいえないが，平面構成は当初の内容を保っている。後陣には本来，中央の半円部分の両側に半円の小礼拝室があったが，リシュによって取り除かれてしまい，鐘楼も理由なく一層高さを下げられている。

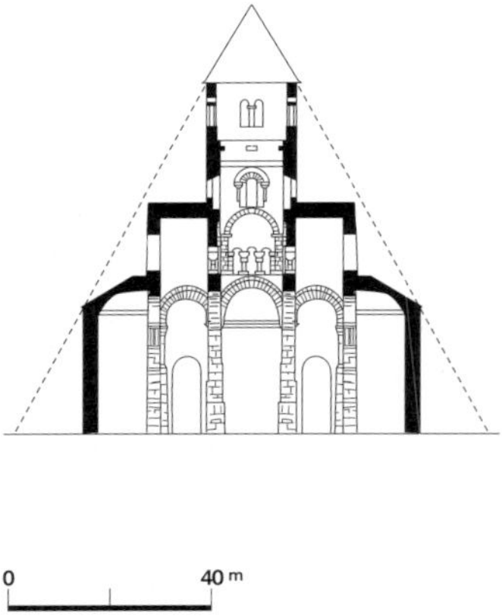

断面図

アクセス ➤ 地図 | p.205

オルレアン[3]よりN460をChâteauneufへ，D60に乗り換えて約5km。

1 | 本来の集中式構成をよく理解できる後背部。三方に同じヴォリュームをみせている。

2 | 後陣礼拝室。象徴的な3つの開口部と上部の小さな連続アーチによる構成。

3 | 連続アーチと天井画の詳細。ビザンチン風の構成とディテール。

1

2

3

[サン・ブノワ・シュール・ロワール]
Saint Benoît sur Loire

➤サン・ブノワ聖堂

Basilique Saint Benoît

ガリアの範を標榜する
ゴズランの塔と大イコン群。

歴史

フルリーと呼ばれる土地に最初の僧院サン・ピエール・ド・フルリーができたのは650年頃とされる。聖ベネディクトゥス(仏名ブノワ)の戒律を守る修道院として活動していたが, 修道院長ミュモリュは司教とともにモンテ・カッシーノで蹂躙された聖ブノワの聖遺物を奪還する部隊を編成し, 獲得に成功する。この時, 教会をサン・ブノワ・ド・フリュリーと改名し, シャルルマーニュ, ルイ・ル・ピオーの顧問であったテオデュルフが修道院長の時代には多くの人々を集める規模となった。ノルマン人の襲来によって壊滅的な被害を受けたが, クリュニー修道院長サン・オドンの改革の後, 2人の修道院長アボンとゴズランが教会を繁栄に導いた。ゴズランは略奪後に建てられたサント・マリー教会の西に塔の建設を企て, 1026年に火事で焼失すると, サン・ピエール教会として再建をはじめる。この工事は彼の死後13世紀まで続いた。1207年に多くの司教たちを招いて行われた聖ブノワの聖遺物箱の移転式が実質的なサン・ブノワ聖堂の竣工式となった。

概要

ゴズランの「全ガリアの範となる作品」という言葉がそのまま当てはまるような鐘楼玄関は, 2層にわたり, それぞれ16本の柱と54および74の柱頭彫刻があって, イコンの大集合体となっている。黙示録的な世界, 風俗的な世界, キリストの生涯などが深く確実な彫刻によって表現されている。内陣で印象的なのは, 高窓下の内陣全体を巡る軽快な連続アーチである。これによって大壁面が3層構成に分かれ, 奥へと流れるような視覚効果を生んでいる。非常に奥行きのある内陣は交差部のアーチによって劇場のプロセニアムのように分節化されて, 光の効果とともに内陣を舞台のように演出している。クリプトに聖ブノワを奉る祭壇, 内陣に聖女マリアの祭壇があるという2重の祭礼がなされている。内陣の柱頭彫刻は聖ブノワの生涯を描いたもので, さまざまなテーマをもつドーム部分の柱頭は特に古い様式を有する。内陣の大理石モザイク, 斑岩の石細工はゴズランがイタリアから職人を呼んで施工させたもので, 内陣に横たわる彫刻はフランス王フィリップ1世である。
2階の開口には14世紀の改造があり, 屋根は17世紀に架け替えられている。各面に4つの開口がある交差部の正方形鐘楼は19世紀に改造されたものである。
ロワール川周辺から見る遠景が美しい。周辺を散策し, ポイントを見つけられたい。

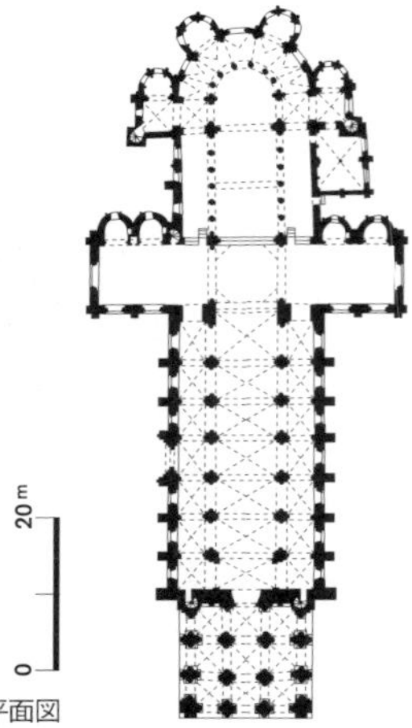

平面図

アクセス

➤地図 | p.205

オルレアンより東へ35km。ジェルミニィ・デ・プレよりさらに5km, ロワール川に沿って土手を走っていると前方に教会の塔が見えてくる。

1 | ゴズランの塔を正面に見せる西側ファサード。巨大なナルテックス。
2 | クリプト。現在もここでミサが行われている。
3 | ゴズランの塔第1層の柱頭彫刻。
4 | 柱頭彫刻詳細。

1

2

3 4

Val de Loire ……………………その他の見所

ロワールで足を伸ばすなら

フランスの庭と呼ばれているこの地方は，フランス最長のロワール川流域に点在する城めぐりがいちばんポピュラーな観光である。軍事目的のシノン城，ソーミュール城，王侯貴族の居城とされたシャンボール城，シュノンソー城，ブロワ城などが代表的。シーズン中は国鉄の駅前より多くの城めぐりバスがでている。

この地方にも多くの美しい街がある。ソーミュール，トゥール，ヴァンドーム，ブロワ，シノンなどはその代表的な例である。ヴァンドームの街の中にはロワールの支流が幾筋も流れ，水車小屋や小さな石造りの橋がいたるところに見られる。シノンの南にあるリシュリューは直行するメインストリートがモニュメンタルで不思議な雰囲気をもつ計画都市である。興味のある方は通過するルートの選択肢に入れていただきたい。

当然ロワールのワインも忘れてはならない。この地方はお手ごろで気楽に飲めるワインを多く生産している。シノンやソーミュールはその代表的な存在で，シャトーだけでなく，道すがらの小生産者でのデギュスタシオン（試飲）をお勧めする。

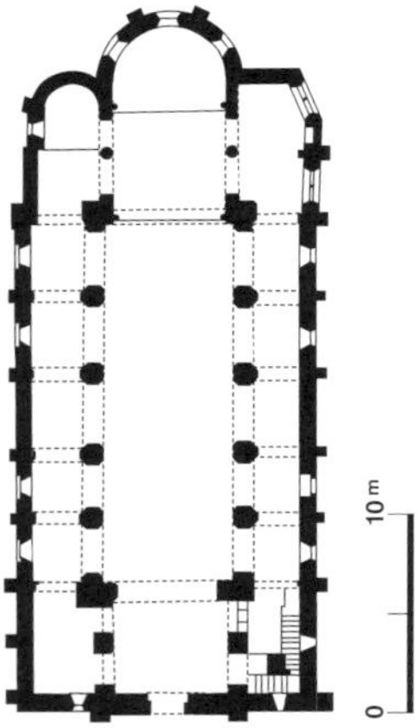

Lavardin Eglise Saint Genest

LIST ……その他の主な教会

［Orléans］ ➤ la Crypte de l'Eglise Saint Aignan

［Selles sur Cher］ ➤ Ancienne collegiale Saint Eucise

［Lavardin］ ➤ Eglise Saint Genest

［Saint Jacque des Guérets］ ➤ Eglise Saint Jacque

［Fontevraud］ ➤ Eglise Notre Dame au Grand Moutier

［Saint Hilaire-Saint Florent］ ➤ L'abbaye Saint Florent

［Trèves］ ➤ Eglise Saint Auban

［Angers］ ➤ Cathérdale Saint Maurice

［Tavant］ ➤ Eglise Saint Nicolas

［Saint Philibert de Grand Lieu］ ➤ Ancienne Abbatiale Saint Philibert

［Nohant Vic］ ➤ Eglise Saint Martin

section 2
chapter 9

ブルターニュ地方
散在する小建築

9_Bretagne ブルターニュ地方のロマネスク教会

ブルターニュはフランスでもきわめて特異な位置を占める。ケルト文化の強い影響を残し，その名からもわかるようにフランスよりむしろブリテン諸島およびアイルランドの影響下にあった地域である。アイルランドの支配下・影響下からカロリング朝フランク王国に統合された後に，ノルマン人の侵入と略奪を受けるが，その後の歴史は他の地域とほとんど変わらない。11世紀から12世紀にベネディクト派，シトー派の修道院が建設されてゆく中で，ロマネスク前の地域的建築文化が混入する建築が作られていったのである。ゴシック以降はこうした地域性が弱まる過程をみせていることから，この地域におけるケルト的文化の最後の証人がロマネスク建築といっても良いのではないか。

造形的な特徴はブルターニュに散在する巨石文化が背景にあるということもあるが，産出する石が火山岩を主とする硬度の高いものが多く，石灰岩を使うサン・ジルダ・ド・リュイなどの少数の例外を除き，その技術的な意味での制約も造形に大きな影響を及ぼしていると考えられる。石の硬さと重さは，鈍重なプロポーションで構成されることの多い建築空間の表現にも明快に感じることができる。太く重い柱にブロック状の単純な柱頭が多く見られ，シンプルな意匠構成に基本的なバジリカ形式およびその変形プランが組み合わされることが多く，中にはランレフのように東方の影響を感じる円形寺院も複数存在する。

自由自在な写実的彫刻などはほとんど見られず，プリミティヴで力強い，浅彫りの彫刻が中心となる。装飾としての表現は明らかに他の地域とは異なり，ケルトの装飾文化を色濃く表現していると思われる。渦巻き模様，小十字架，植物模様や仮面のレリーフは他の地域にはまったく見られない，異民族のフォークロア世界であり，聖書の世界を中心に描いている彫刻をもつのは，ペロ・ギュイレックなど数例にとどまる。

こうした特異性は，ベネディクト派の修道院建築であっても巡礼地の大衆的で消費好きな傾向が薄く，自然世界との融合というレベルでの地域の精神性を表現する建築が優先されたことによると考えられる。そういう意味では純粋な信仰の空間を体験できる貴重な存在ということができる。ハイブリッドで特異な文化的背景をもつ，素朴で純粋な空間体験ができるのが，ブルターニュ巡礼の楽しみとなるだろう。そこでは本来の修道院らしい精神性を追求する静かなる空間体験が今でもできるのである。

主要都市 | Bretagne |

1	レンヌ[RENNES]
2	ヴァンヌ[VANNES]
3	カンペール[QUIMPER]

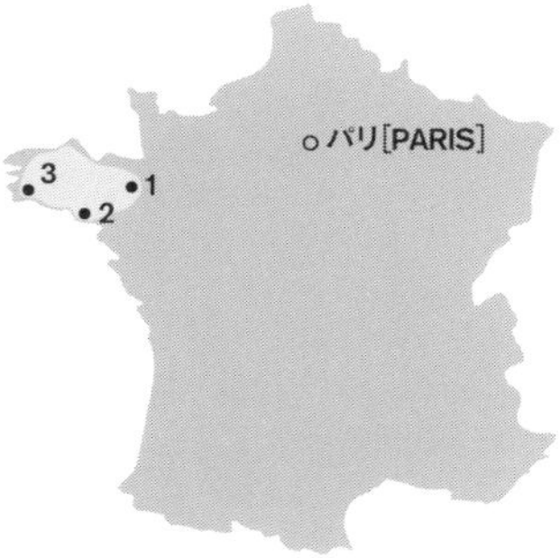

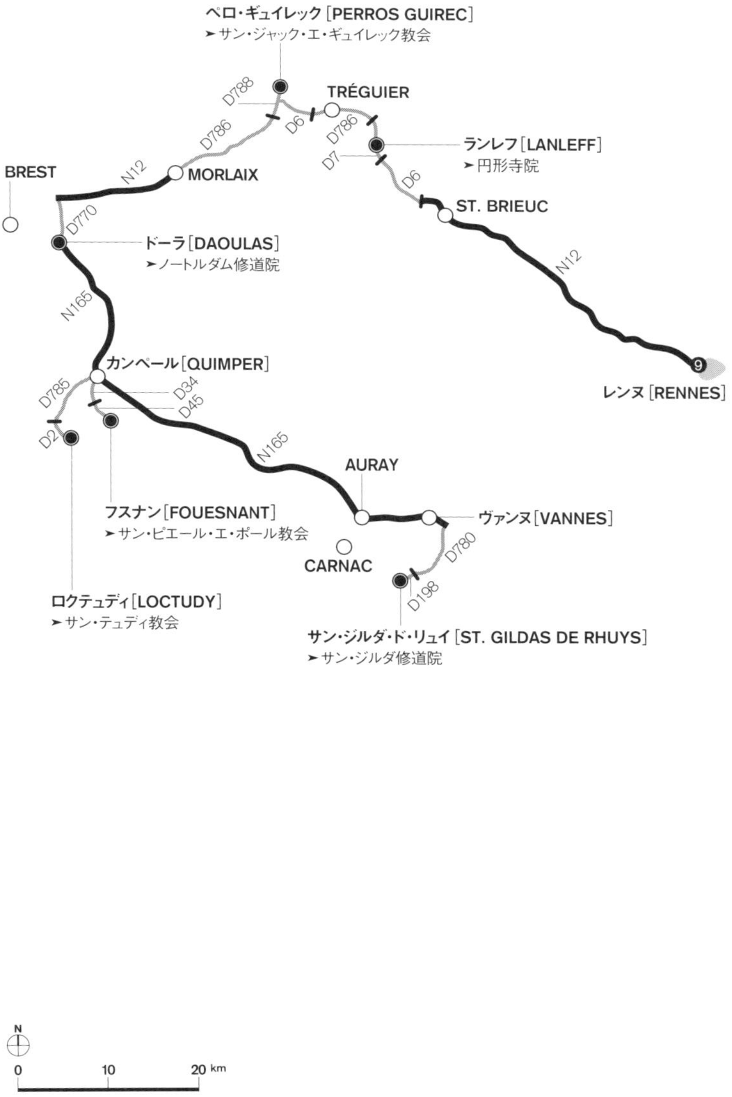
ペロ・ギュイレック［PERROS GUIREC］
➤サン・ジャック・エ・ギュイレック教会
D788
TRÉGUIER
D786
D6
D786
ランレフ［LANLEFF］
➤円形寺院
D7
D6
BREST
N12
MORLAIX
ST. BRIEUC
D770
ドーラ［DAOULAS］
➤ノートルダム修道院
N12
N165
カンペール［QUIMPER］
D785
D34
D45
D2
9
レンヌ［RENNES］
N165
AURAY
フスナン［FOUESNANT］
➤サン・ピエール・エ・ポール教会
ヴァンヌ［VANNES］
D780
CARNAC
D198
ロクテュディ［LOCTUDY］
➤サン・テュディ教会
サン・ジルダ・ド・リュイ［ST. GILDAS DE RHUYS］
➤サン・ジルダ修道院
N
0
10
20 km

[ランレフ] Lanleff

➤円形寺院（ル・タンプル）

Le Temple

謎に包まれた円形遺跡。

歴史

起源は諸説あるが，いずれも確実ではない。この地の有力者がアラン・フェルジャン公爵のもと第1次十字軍に参加し，エルサレムのカルヴェール教会あるいは聖墳墓教会を見て，それを模倣する形で12世紀のはじめに建設したという説もあれば，ブルターニュにある他の3つの円形建築，特にサン・クロワ・ド・カンペルレに影響を受けたとか，イギリスにある4つの円形建築，特にケンブリッジの聖墳墓教会に影響を受けているとの説もある。その場合には建築年代がかなり下がることになる。
11世紀にシャトローランの豪族トリアンがレオンの僧に献上したサント・マリー教会を起源とする説が有力である。

概要

さまざまな想像力をかき立てる集中形式の礼拝堂である。半径10メートルの円形空間を12のアーチで囲う中心部分は完全に屋根が落ちているので，どのような架構だったか知ることはできないが，側廊あるいは回廊の一部には交差ヴォールトの屋根が残り，オリジナルの空間が想像できる。中心部分の壁の高さは現状で約12mあり，上部に小さな開口部があることから塔状建物であった可能性が高い。
柱頭彫刻もわずかに残っていて，動物の姿や幾何学模様などに混じり，人間を描く部分も1つみつけられる。硬い御影石への彫刻であるだけに浅い刻みが風食して状態はあまり良くなく，美術的な評価を下しにくい。

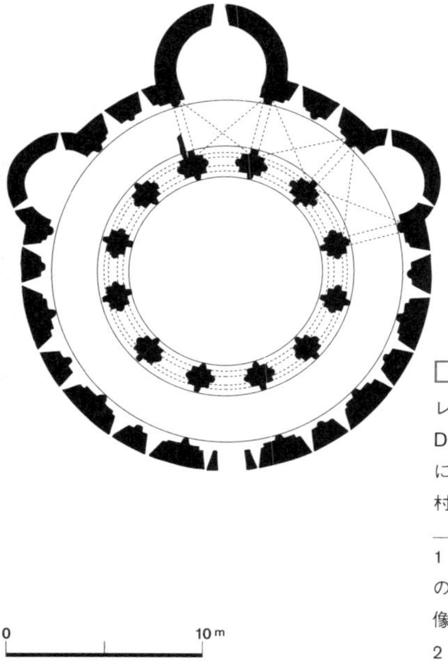

平面図

アクセス ➤ **地図** | p.**221**

レンヌ[9]よりN12でSt.Brieucまで行き，D6, D7に乗り換える。約30km走ると左側にランレフのサインあり。小さいサイン，小さい村なので注意。

1 | 礼拝室がある後背部よりみる外観。円形の遺構の上にどのような架構があったのか，想像力が要求される。

2 | 円形の中心に立つ。形式的には洗礼堂のような印象。

1

2

[ドーラ] Daoulas ➤ノートルダム修道院

Ancienne Abbatiale Notre Dame

ブルターニュ唯一の美しい中庭。

歴史

ウェールズにも同じ地名ドーラがあり，5—6世紀にウェールズからの移民がブルターニュのこの地に移り住んだと考えられている。510年頃に聖ジョアによって小さな修道院が設立され，ベネディクト派の戒律に従っていたとされるのが最初の記録である。ノルマン人の襲来でいったん廃墟となったが，レオン伯爵ギヨマルシュと妻ノビルが1167年に修道院の修復を行っている記録があり，文献から1130年頃に，その基礎が築かれたのではないかと考えられている。

概要

北側廊がオリジナルのロマネスクであり，南は後の改造部分である。したがって，北側の細い開口部はオリジナルの採光を想像させる部分である。後陣は1875年の追加で，翼廊部の鐘楼は革命時に破壊されたままとなった。
西ファサードはブルターニュでは珍しい形式で，足元が厚く，上へ向かって徐々に薄くなっている。中央玄関の左右に装飾扉，上部に3連窓があるのが特徴。墓地の入口のずんぐりとした鐘楼は16世紀に追加されたものである。
中庭の回廊は本来四周を囲んでいたが,革命後石材として売り飛ばされて2辺に減ってしまった。その後，復元的考察を経て1辺が修復・追加されている。ブルターニュでは唯一のロマネスクの中庭で，各辺12のアーチが2連の柱と幾何学模様・植物模様の美しく繊細な柱頭で支えられている。中央には10の顔がついた水盤があり，網籠模様と古風な彫刻が施されている。こうした意匠は古いアイルランドの装飾要素を想起させるものであり，おそらく12世紀の中庭より古い起源をもつ。中庭東側にある旧参事会室入口の，深い奥行きの中に2連のアーチを穿って，太い柱に箱型の柱頭をのせる意匠構成は，きわめて古い起源を思わせる貴重な遺構である。

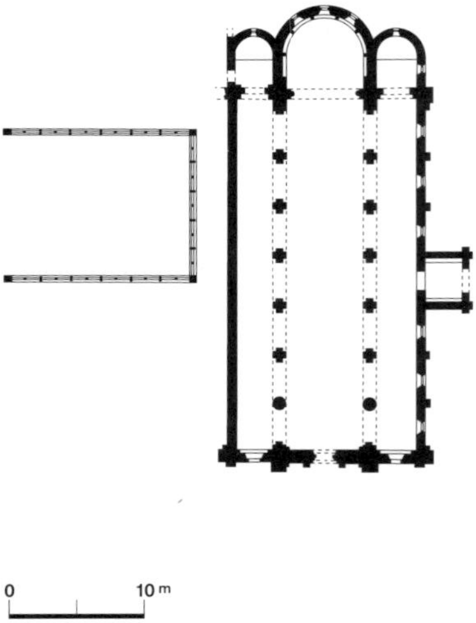

平面図

アクセス ➤地図 | p.221

Perros GuirecよりD786でモルレまで行き，N12に乗り継いで約45km走ると，左ドーラのサインあり。このD770を左折して20km。町に入ると場所が分かりづらいので，サインを見落とさないこと。近くのBrestよりタクシーでも可。

1 | 中庭回廊から中庭を見る。硬い石に刻まれた比較的単純な意匠の柱頭彫刻を載せる。
2 | 中庭水盤詳細。10の人面とケルト風の模様が刻まれている。

1

2

[ロクテュディ] Loctudy

➤サン・テュディ教会

Eglise Saint Tudy

ロマネスクの構成を完全に残す
光の調和が美しい内観。

歴史

歴史的資料はきわめて少ない。聖テュディは6世紀に生き，聖コランタンや聖グエノレらと兄弟のように共同で働いた人物とされるが，ポン・ラヴェ海岸の入口にある島エネ・テュディの地に修道院を開き，彼の死とともに現在の地へと移転されたとする伝説が残っている。地誌的な考察から，この地への移転は10世紀終わりと想定され，現在の建築は時代が確定している他の建築との比較によって，11世紀から12世紀頃の作品とされる。

概要

ブルターニュのロマネスク教会としては例外的にほぼ完全な形で残っており，周歩回廊と放射状の3つの礼拝室をもつ巡礼教会風の構成である。1760年に改造された西ファサードと15世紀の改装による外壁部分が残念である。内部は，半円アーチを中心とする明快な構造と明るい採光による完璧な調和をもつ構成をみせ，内陣周歩回廊の放射状に展開する礼拝室の明るさが，逆光の効果によって内陣の列柱アーチを印象的に演出している。
柱頭彫刻は，硬い石に彫りこまれた抽象的な模様の意匠構成と，植物飾りに部分的に象徴化された動物や人間が絡む，他に類を見ない興味深い内容である。柱脚もケルト風と思われる象徴化・簡略化された人物や動物の初源的なイメージの彫刻で飾られている。

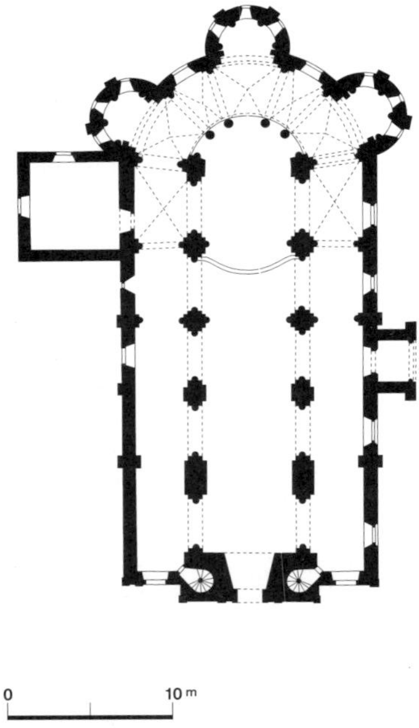

平面図

アクセス ➤ **地図** | p.**221**

カンペールより南へ50km。カンペール[6]よりD785をPont-L'Abbéへ。ここからD2に入って約6km。潮の香りのする町の中心に建っている。このあたりは美しい海岸風景が楽しめる。ただし夏は大混雑するので注意。

1 | 側廊部分の柱頭彫刻詳細。植物を表現しているが，ケルトの紋様のようでもある。

2 | 内陣回廊の列柱柱頭部分。柱頭彫刻は硬い石に浅彫りの紋様を刻むようなものが多い。植物を表現しているものが多いが，単純化，象徴化されている。

1

2

[サン・ジルダ・ド・リュイ] Saint Gildas de Rhuys

➤サン・ジルダ修道院 Ancienne Abbatiale Saint Gildas

滑らかで美しい造形をもつ後背部とモノリス風の柱頭彫刻。

歴史

ジルダは490年イギリスに生まれ, 15歳から25歳までイギリス各地の僧院で修行した後, 各地を巡礼し, 29歳でローマへ巡礼の旅に出て, 帰路にウア島へ向かい, そこに小さな礼拝堂を作った。多くの修行者が集まりはじめ, 島の限界から, 大陸側のリュイへと移転せざるを得なくなった。当初, 僧院はアイルランド風の戒律によって運営され, ジルダは何度もアイルランドに戻っては現地にも僧院を建設した。リュイに修道院を建設すると引退し, 多くの著作を残した後にウア島にて没した。

修道院は9世紀にはベネディクト派に属するようになったが, ノルマン人襲来後, 廃墟の建て直しのため, ブルターニュ伯爵ジョフロア1世はフルリー修道院院長ゴズランに援助を求めた。ゴズランは僧フェリックスを送り, 修道院の建設を成し遂げた。完成は1032年であるが, 現在まで残る部分は翼廊と内陣のみであり, 身廊は17世紀の再建による。発掘による復原的考察によって, ファサードにはサン・ブノワ・シュール・ロワールのような塔状ナルテックスがあったと考えられている。

概要

ハリケーンの頻繁に襲う場所柄, 自然の被害が建築を大きく左右してきた。方位が南に傾いているのは, こうした自然条件によると考えられる。

外観で印象的なのは, 後背部の片麻岩を小さく組み合わせた壁面を御影石のバットレスで押えた滑らかな曲面による美しい構成で, 軒先飾りの彫刻はロマネスクまで遡るものである。

内部の彫刻は, 内陣回廊南側の礼拝室付近が11世紀のもので, この土地の伝統であるモノリス的な造形感覚が発揮されている。内陣まわりは4本の独立柱が新しい以外は入口付近に置かれたキューブ状の柱頭部分とともに12世紀の彫刻であり, 動物と植物が絡み合う民俗的な香りの漂う作品である。

修道院建設の貢献者であるフェリックスの墓は北側翼廊先端に安置されている。また, 当時の修道院の様子が分かる貴重な記録として著名なアベラールの手紙や手記は, 1128年から1141年まで彼が修道院長であったこのサン・ジルダ修道院において書かれたものである。

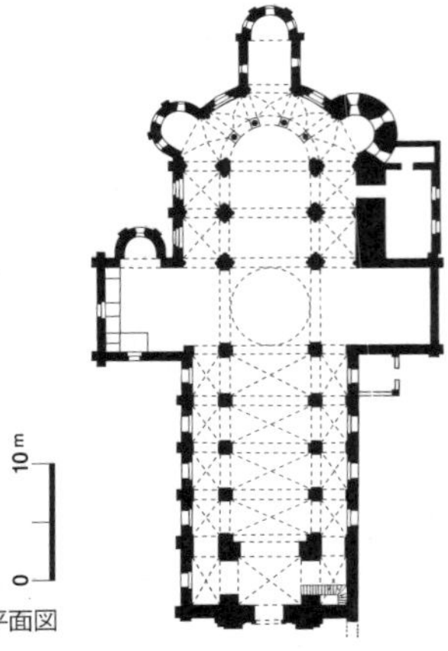

平面図

アクセス

➤地図 | p.221

ヴァンヌより南へ28km。ヴァンヌ[3]よりN165, D780を走って, Sarzeauの先でD198に入る。道路より一本左側の広場に面して建っている。このあたりは有史以前の巨石文化の遺跡がいたる所にある。カルナックが特に有名。

1 | 大きくシンプルなヴォリュームを組み合わせた美しい外観。

2 | 屋根の吹き替えは何度も行われてきたが, 現在の平滑な屋根のラインも外観のシンプルな構成を際立たせている。

1

2

Bretagne …………………… その他の見所

ブルターニュで足を伸ばすなら

荒々しい自然とケルトの文化がこの地方の特徴であり，独自の文化・風習を味わうことがブルターニュの楽しみである。ブルターニュにおけるロマネスクの旅は海岸線の旅であり，美しい海岸や鄙びた漁港，素朴な港町を訪れる旅になる。
拠点となるレンヌ，カンペール，ヴァンヌは，それぞれに個性的な街で，特にカンペール，ヴァンヌは美しい港町である。小さな港の周辺には，趣向を凝らしたシーフードのレストランが多くあり，これも楽しみの一つとなろう。カンペールの近くにあるコンカノール，ポン・タヴァン一帯は，この地方有数のリゾート地であり，南仏にはない素朴さが特徴である。ヴァンヌよりバスで1時間の距離にあるカルナックには，世界でも名高い有史以前の遺跡がある。柱状の巨石を地面に立ち上げたメンヒルと呼ばれる巨石群が，街の北側に並んで立っている。ブルターニュには約3000にのぼる巨石群が残っているが，この周辺が中心地である。なかでも1.2kmに及ぶメネック列柱が有名である。
レンヌから列車で約1時間のところにあるサン・マロは，海に突き出た城塞都市。12世紀の町並みが修復されほぼ完全な形で残っている。またここよりモン・サン・ミッシェルへ船の便があり，海からのモン・サン・ミッシェルをみることができる。雨の多い海洋性気候のため，夏でも寒い日が続くことがあるので注意が必要。

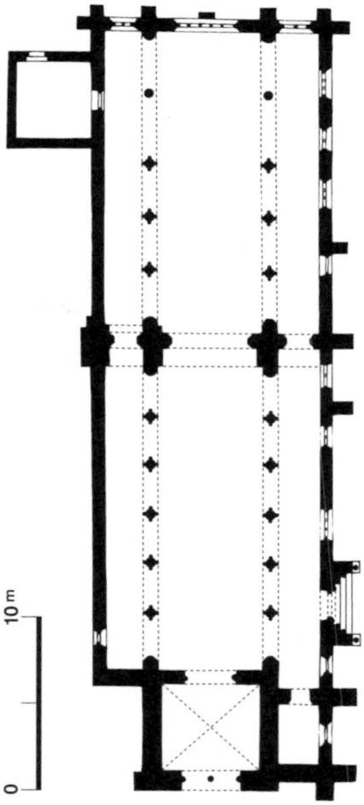

Perros Guirec Eglise Saints Jacques et Guilec

LIST ……その他の主な教会

[Fousnant] ➤ Eglise Saints Pierre et Paul

[Quimperlé] ➤ Ancienne Abbatiale Saint Croix

[Perros Guirec] ➤ Eglise Saints Jacques et Guilec

section 3

旅行の知恵

旅行の知恵

本書で設定した9つのルートは，ほとんどの場合，現実的にはタクシーなどを含め，車での移動を前提としている。部分的にバスなどの移動も可能であるが，それだけではほぼ不可能である。もちろんかつての巡礼のように徒歩で巡るのも一つの方法であろうが，その場合には本来の4つの巡礼路をたどるほうが充実するかもしれない。ヒッチハイクは不可能ではないが，十分な注意が必要であり，女性の場合には勧めない。いずれの場合も複数で行動するほうが安全だろう。

レンタカーについて

空港や駅のレンタカー，またはパリなどの街中のレンタカーの選択肢がある。空港の場合，若干のチャージが追加される。空港や駅のレンタカーは，飛行機・電車に直結する便利さがあるが，交通が複雑であり，慣れない人には最初は難しいかもしれない。大手のチェーン店は日本からも，個人または代理店から予約ができるので，安心のために利用してもよい。免許は日本の免許で強引に通すか，国際免許を用意して行くか，免許証の法定翻訳を用意するかのいずれかで対応する。借りる際には最大限の保険に入られることを薦める。大手レンタカーは，Herts, Avis, Europcarなど。

運転について

ご存知の通り左ハンドル右側通行であり，特に出だしは十分注意して右側通行であることを意識しながら運転すること。道路標識は国際ルールなのでほとんど問題なく理解でき，特に文化財の表示などはすぐに認識できるように合理的に整備されていて，ほとんどまちがえずに目的地にたどり着けるだろう。唯一フランス独自なのは高速道路表示が青看板，一般国道が緑看板で表示され，他の国とは逆なので注意されたい。制限速度は郊外道路では90km/h，高速道路では130km/h，全体に高いスピードで走行されている。マナーは皆きわめて良く，速い車に徹底して譲る習慣があるから，良いマナーを心がけたい。高速道路の出口は急激に曲がることが多いので，夜の走行の際には十分な注意が必要。高速料金は日本の3分の1程度。現金を用意しておきたい。

天候

冬の間は拝観を制限している教会も多く，4月の復活祭から10月はじめくらいまでがそうした問題が起きにくい期間である。夏は虫が多く出る場所もあって，日の長い夏を選ばれる場合には虫除けが必要だろう。ピレネーの山中は冬のあいだ路面の凍結が多く，雨の時も含め十分な注意が必要である。食事がおいしいのは獣禽類のでる10月からの冬である。こうした条件を総合すると推奨される季節は，特に光の美しい春と秋である。

準備するものについて

まず全体の概要を理解しやすい地図と，詳細にすべての道路が表現された地図が必要だ。フランスはミシュランの国である。地図は各種あり，出発するときに確実に用意しておきたい。どうしても手に入らなければ，一つの方法として最初に入る高速道路のサービスエリアの売店で購入するという手もある。詳細地図は，青いミシュランの本「Atlas Routier et Touristique FRANCE」を勧める。
宿泊も目玉に考えているところがあれば，特に混雑が予想される季節には予約して行きたい。現地で宿泊地を決める場合には，レストランの情報を得る意味でもミシュランの赤本を用意しておきたい。赤本のレストラン情報は信頼度が高いが，ホテルは予備的な資料として活用するのが良い。通常ミシュランリスト以外にも多くのホテルがある場合が多い。この辺の情報はあらかじめインターネットでリサーチしておくのも良いだろう。

通貨

日本円は郊外に出ると両替できなくなるから，現地通貨は都市にいる間に用意しておきたい。サービスエリアに日本円の両替レートがかかれていても，ほとんどの場合両替してくれないので注意。ほとんどの支払いはカードでできるから，カードで払えるものと現金をうまく使い分けたい。

盗難

大都市の中心にある教会以外は，ほとんどの場合，特に冬には，人気のないところが多い。駐車スペースには困らないが，盗難の危険は高い。ル・トロネーの駐車場などには，はっきりと「盗難に注意」と書いてある。くれぐれも貴重品を車に残さないように，ものはトランクにすべて収めるようにしたい。旅行保険はしっかり用意し，運悪く盗難にあった場合には早速管轄の警察に被害届を出し，この保険で対応しよう。

フランス政府観光局のofficial webpage

http://www.franceguide.com
宿泊施設の検索や観光情報はこのサイトが最も充実している。インターネット予約もできるので参照。

あとがき

ロワール河畔のサン・ジル礼拝堂を皮切りとするロマネスク古寺巡礼を始めたのが5年前。以来，130カ所の聖地を旅し，今，一区切りの時を迎えた。日頃，建築写真家として新しい建築の撮影を職としている私にとって，滞在していたパリからの何気ない小さな旅が，その後の数年の没頭の日々を送らせることになろうとは，夢想だにしなかった。

20数年，常に時代の先端を行く建築を撮りつづけていた私にとって，精神と思考とがそのまま形態になって現れているようなロマネスクの建築に，ある種のやすらぎを求めたのかもしれない。それにしてもサン・ジル礼拝堂に一歩足を踏み入れたときの感動は，表現すべき言葉もみあたらない。「目から鱗」とはこのようなことを言うのであろうか。帰国するやいなや，ロマネスクに関する本，資料，文献を手当たり次第に読みあさり，ロワール地方へ最初の撮影行をすることになったのである。

●

ロマネスクの建築は，ゴシック以後の建築が都市部に多いのとは異なり，地方の辺境の地に多く点在している。それゆえに，被写体である建築本体をよりよく見せるように演出してくれる要素が，いたるところにある。たとえば，地形，風，光，あるいはやすらぎや喜びといったようなものである。山を越え，谷をくぐり，丘を下って，ようやく目的地にたどり着く。そしていざ撮影をはじめようとすると，撮影許可とか内部に入るカギの保管場所の確認など，撮影以前のわずらわしいことが山のように待ちかまえているのが常である。いくどもの挫折を経験しながらフランス全土を走りまわり，気がついたときには走行距離は3万kmに達していた。

訪れた建築の中には，ほとんど訪れる人のいない僻地の，忘れ去られた聖堂や修道院も少なくない。山や谷の合間に隠れるようにして建つ建築に，苦労してたどり着くと，屋根や壁が崩れ落ち，往年の面影をまったくとどめていないことも多かった。光を浴びた柱頭，タンパンの彫刻，回廊にバランスよく並ぶ円柱やその上の彫刻群，にぶい光を放つ冬の辺境の聖堂。これぞロマネスクである。

ロワールからスタートし，ブルゴーニュ，オーベルニュと時計まわりで撮影をはじめ，最後にブルターニュに到達した。もちろんこの間，いくどとなく同じところに足を運ぶはめになる。春に行けば秋の紅葉，夏に行けば冬景色が撮影したくなるものだ。そうして旅は続いた。

ブルゴーニュ地方にシャペーズという人口100人くらいの寒村がある。ここには都合5回，延べ20日間ほど通うことになる。村人の半分とは顔見知りとなった。旅を続けられたのは，こうした人々との暖かいふれあいに助けられた面もある。

●

今はピレネー山中を行きつ戻りつ，フランスとスペイン国境にまたがる，住民の信仰の対象になっている教会を撮影する旅の最中である。

ピレネー山中の奥深い谷間にひっそりと佇んでいる小さな礼拝堂もまた，私の心を駆り立ててやまない。いつか機会を得て発表したいと思っている。

ロマネスクについても，1冊の本にするとなると，どの教会を紹介すべきか，選定が難しい。それぞれに歴史や物語があり，修道士，石工たちの思い入れが感じられ，それぞれが個性的である。本書に収めたもの以外にも，まだまだ紹介したい建築は多いのだが，それも次の機会にまわすことにしよう。

●

最後に，建築家としての実務の合間をぬってすばらしい文章を綴っていただいた櫻井義夫氏，さまざまな助力を惜しまれなかった櫻井紅絹《モミ》夫人に心から感謝したい。また，名前をあげることはできないが，シャペーズ村をはじめとして数々の思い出をつくってくれた辺境に住む人々に対して，お礼を申しあげたい。

2000年11月14日　堀内広治

終わりに——まだまだロマネスク教会へ行こう

私と中世の教会との接点は，むしろイタリアのロンバルディア地方やラヴェンナ，ヴェネツィアなどとのかかわりの中にあったが，ビザンチン世界を逆にたどってみると第2回十字軍の出発点ヴェズレーに到達し，黒い聖母子像の存在を知った。そして，中世の世界は現在の国境とは無縁の，はるかに広域に渡って混沌とした文化の基盤があったことを夢想させられることとなる契機は，ヴェネツィアにいた頃に読んだウンベルト・エーコの『薔薇の名前』であった。エーコの中世に関する著作はその後も多く読んだが，想像力豊かな描写にいつも刺激されていたことを覚えている。中世のイメージはそんな中でふくらみ，ビザンチン世界からイタリア，フランスへ向かう個人的な中世空間巡礼がはじまった。書かれた世界は一つの別世界をつくりだすが，そんな刺激はまた現実の空間に対峙することで変化し，体験として深く心に残る。巡礼時代であれば，深く残る感動は信仰を背景に，また別の次元に到達していたことであろう。

イスタンブールからヴェネツィア，ヴェネツィアからパリ，またサンチャゴ・デ・コンポステーラに向かうスペインへの道を，残念ながら徒歩ではなく安楽に車でしてみると，壮大な文化の交流と建築をつくりだす石と意志が強烈に感じとれる。私たちにとってのロマネスク空間巡礼は，そんな魅力を五感で感じとる旅である。本書で巡ったのは中世ロマネスク教会の核心部であるフランス各地であるが，私たちの旅はさらにコンポステーラへと進むことになるだろう。

こうしたガイドブックが成立した最大の功労者は写真家の堀内広治氏である。氏の長年にわたる労作の一部がもとになって，このようなかたちで完成をみたのである。私といえば氏から差し出されたガイドにのっとって，第二の旅人となっただけのことである。また鹿島出版会の伊藤公文氏からは多くの教唆をいただいたことを付記したい。

最後になるが，パリ日本文化会館館長である磯村尚徳氏には，数々のアドバイスを頂くと同時に帯の文章まで頂戴した。あらためてここに謝意を表したい。このガイドブックが読者諸氏にとって旅の指針の一つとなり，空間の感動を共有できれば幸いである。

2000年11月14日　櫻井義夫

参考文献

『ヴィオレ・ル・デュク』羽生修二著, 鹿島出版会, 1992年
『大塚国際美術館全作品集——2　中世』長塚安司著, 有光出版, 2000年
『カラー版西洋建築様式史』羽生修二十渡辺道治他著, 美術出版社, 1995年
『キリスト教の2000年』ポール・ジョンソン著, 別宮貞徳訳, 共同通信社, 1999年
『キリスト教美術事典』柳 宗玄他編, 吉川弘文館, 1990年
『黒い聖母と悪魔の謎』馬杉宗夫著, 講談社, 1998年
『建築全史——背景と意味』S. コストフ著, 鈴木博之監訳, 住まいの図書館出版局, 1990年
『修道院——禁欲と観想の中世』朝倉文市著, 講談社, 1995年
『巡礼の構図』杉山二朗他編, NTT出版, 1991年
『スペイン紀行』アンダ知広著, 未来社, 1991年
『聖ベルナール小伝』P. リシェ著, 稲垣良典＋秋山知子訳, 創文社, 1994年
『世界美術大全集　第8巻　ロマネスク』長塚安司他著, 小学館, 1996年
『大聖堂のコスモロジー——中世の聖なる空間を読む』馬杉宗夫著, 講談社, 1992年
『中世・美の様式　上・下』ハナ・ロソウスカ著, 大高保二朗訳, 連合出版, 1991年
『バスチーユ・ロマネスク』岡部あおみ＋港千尋著, 学芸出版社, 1990年
『薔薇の名前』ウンベルト・エーコ著, 河島英昭訳, 東京創元社, 1990年
『ビジュアル版西洋建築史——デザインとスタイル』長尾重武他著, 丸善, 1996年
『フランス歴史の旅』田辺保著, 朝日新聞社, 1990年
『フランス・ロマネスク』饗庭孝男著, 山川出版社, 1999年
『ヨーロッパ古寺巡礼』饗庭孝男著, 新潮社, 1995年
『ヨーロッパとは何か』饗庭孝男著, 小沢書店, 1991年
『ヨーロッパが面白い　上・下』紅山雪夫著, トラベルジャーナル, 1991年
『ヨーロッパの中世　芸術と社会』G. デュビー著, 池田健二＋杉崎泰一郎訳, 藤原書房, 1995年
『ヨーロッパのキリスト教美術——12世紀から18世紀まで』E. マール著, 柳 宗玄＋荒木成子訳, 岩波書店, 1995年
『ロマネスク聖堂の窓』高野禎子著, 季刊iichiko, 1991年
『ロマネスクの美術（大系世界の美術11）』学習研究社, 1990年
『ロマネスク古寺巡礼』田沼武雄著, 岩波書店, 1995年
『ロマネスク世界論』池上俊一著, 名古屋大学出版会, 1999年

『新フランスワイン』アレクシス・リシーヌ著, 山本 博訳, 柴田書店, 1985年
『世界のワインカタログ2000 by Suntory』ソニー・マガジンズ, 2000年
『ワイン物語』ヒュー・ジョンソン著, 小林章夫訳, 日本放送出版協会, 1990年
『ワインと風土』ロジェ・ディオン著, 福田育弘訳, 人文書院, 1997年

図版出典

p.024, 168

『西洋建築様式史・上』
F.バウムガルト著, 杉本俊多訳,
鹿島出版会, 1983年

p.042, 102

『西ヨーロッパの修道院建築』
W.ブラウンフェルス著, 渡辺鴻訳,
鹿島出版会, 1974年

p.026, 038

『図集世界の建築・上』
アンリ・ステアリン著, 鈴木博之訳,
鹿島出版会, 1979年

p.164

『西欧の芸術1 ロマネスク(上)』
アンリ・フォシヨン著, 神沢栄三他訳,
鹿島出版会, 1976年

図版製作(上記以外)
栄元正博
櫻井義夫
伊藤公文

装幀・デザイン
森大志郎

著者略歴

櫻井義夫[さくらい・よしお]
1957年埼玉県生まれ。東京大学工学部建築学科, ヴェネツィア大学に学び, 1987年東京大学大学院修士課程修了。丹下健三都市建築研究所, マリオ・ボッタ事務所, クリスチャン・ド・ポルザンパルク事務所を経て, 1993年櫻井義夫+I／MEDIA設立。主な作品にチェリードーム, Villa KNT, ISZなど。訳書に『日本建築における光と影』(翻訳, a+u, 新建築社1995年6月号)などがある。

堀内広治[ほりうち・こうじ]
1952年大阪生まれ。1974年東京写真大学研究科修了後, 村井修に師事。1984年新写真工房を設立。現在にいたる。1997年より慶應義塾大学情報学部非常勤講師を務める。主な雑誌発表に『パリ・グランプロジェ』,『フランス・ロマネスク』,『ロマネスク』(以上, 鹿島出版会)がある。

フランスのロマネスク教会

ヨーロッパ建築ガイド2

発　行　2003年6月10日©

著　者　櫻井義夫[文]　堀内広治[写真]
発行者　新井欣弥
印　刷　壮光舎印刷
製　本　牧製本
発行所　鹿島出版会

107-8345 東京都港区赤坂六丁目5番13号
電話 03(5561)2550　振替 00160-2-180883

ISBN4-306-04410-6　C3052　Printed in Japan

本書の内容に関するご意見・ご感想は下記までお寄せください。
URL：http://www.kajima-publishing.co.jp
E-mail：info@kajima-publishing.co.jp